Max Verworn

Die Bewegung der lebendigen Substanz

Eine vergleichendphysiologische Untersuchung der Kontraktionserscheinungen

Max Verworn

Die Bewegung der lebendigen Substanz
Eine vergleichendphysiologische Untersuchung der Kontraktionserscheinungen

ISBN/EAN: 9783743617155

Hergestellt in Europa, USA, Kanada, Australien, Japan

Cover: Foto ©berggeist007 / pixelio.de

Manufactured and distributed by brebook publishing software
(www.brebook.com)

Max Verworn

Die Bewegung der lebendigen Substanz

Die Bewegung

der

lebendigen Substanz.

Die Bewegung

der lebendigen Substanz.

Eine vergleichend-physiologische Untersuchung
der Contractionserscheinungen

von

Max Verworn,

Dr. med., Privatdocent der Physiologie an der Universität Jena.

Mit 19 Abbildungen.

Jena,

Verlag von Gustav Fischer.

1892.

Inhalt.

I. Einleitung.

Die Bewegung, jenes uralte Kriterium des Lebens, welches den Urmenschen veranlasst, die flackernde Flamme und den wirbelnden Wind als belebte Wesen zu personificiren, welches das Kind glauben lässt eine Dampfmaschine sei ein lebendiges Thier, ist noch heute für uns der wesentliche Anhaltspunkt, nach dem wir beurtheilen ob lebendig oder leblos. Die Bewegung eines Organismus ist unter allen seinen Lebenserscheinungen diejenige, welche am augenfälligsten den Eindruck des Lebendigen hervorruft, sie ist seine Lebenserscheinung κατ' ἰξοχην. Es kann daher nicht auffällig erscheinen, wenn Naturforscher und Philosophen, die sich mit der Erforschung des Lebens beschäftigt haben, seit alter Zeit gerade dieser Lebenserscheinung, in welcher sich der Gegensatz zwischen lebendigen und leblosen Körpern am sichtbarsten ausspricht, mit besonderer Vorliebe ihre Aufmerksamkeit zugewendet und den Ursachen, die ihr zu Grunde liegen, mit Beobachtung und Ueberlegung nachgespürt haben. Wie kommt die Bewegung des weissen Blutkörperchens zu Stande, das als selbstständiges Wesen in den Geweben des menschlichen Körpers umherkriecht; wie entsteht das anmuthige Spiel der Flimmerhärchen, das die Schleimhaut der Luftwege von allen Fremdkörpern rein hält; wie erklärt sich die Zusammenziehung des Muskels, die eine so ausserordentliche und andauernde Kraftleistung zu verrichten im Stande ist?

Besonders die letzte Frage hat von jeher die Physiologen interessirt, denn die Muskelbewegung ist augenscheinlich von der allergrössten Bedeutung für das Leben des Menschen, sie ist es, welche in letzter Linie dem Gehen, dem Sprechen, dem Essen und tausend anderen unentbehrlichen Thätigkeiten des Menschen zu Grunde liegt. So ist eine grosse Anzahl von Theorien entstanden, welche die Ursachen der lebendigen Bewegung, vor allem der Muskelbewegung zu erklären versucht haben. Aber bisher hat noch keine der zahlreichen Theorien sich dauernde und allseitige Anerkennung zu erringen vermocht. Es könnte vermessen erscheinen, an einem Problem, um dessen Lösung sich hervorragende Forscher mit vielem Aufwand von Zeit und Geist vergeblich bemüht haben, sich von neuem versuchen zu wollen. Indessen glaube ich, dass eine Richtung, welche sich seit kurzem in der Physiologie bemerkbar zu machen beginnt und welche in ihr Arbeitsfeld nicht allein die höchst complicirten Lebenserscheinungen des Menschen und der höheren Wirbelthiere, sondern auch die Lebenserscheinungen in ihren einfacheren und einfachsten Formen, wie man sie bei niederen und niedrigsten Organismen antrifft, hineinzuziehen sucht, einige berechtigte Hoffnung hegen darf, von neuen Gesichtspunkten aus neue Momente für eine erfolgreiche Behandlung des alten Problems zu gewinnen.

*　*　*

Bekanntlich ist das morphologische Element der lebendigen Substanz, an dem sämmtliche organischen Bewegungserscheinungen ablaufen, die Zelle. Die Rhizopodenzelle bildet das Substrat für die amoeboïde Bewegung, die Wimperzelle für die Flimmerbewegung, die Muskelzelle für die Muskelbewegung. Nun haben die bisherigen Untersuchungen der organischen Bewegungserscheinungen das eine sichere Ergebniss gezeitigt, dass abgesehen von den Bewegungen, die durch Veränderung des spec. Gewichts oder durch Wachsthum und Secretion zu Stande kommen, alle activen Bewegungen der lebendigen Körper sich auf e i n e Grunderscheinung zurückführen lassen, die im allgemeinen als „C o n t r a c t i o n" bezeichnet wird. Contractionserscheinungen liegen der amoeboïden Bewegung der nackten Protoplasmamassen, wie sie Rhizopoden, Myxomyceten, Leucocyten repräsentiren, zu Grunde; auf Contractionserscheinungen beruht die Protoplasmabewegung in den Pflanzenzellen; Contractionserscheinungen sind die rhythmischen Schläge der Flimmerhaare; Contractionserscheinungen endlich finden in der Verkürzung der Myoïde, der glatten Muskelzellen, der quergestreiften Muskelfasern ihren Ausdruck. Eine Untersuchung der organischen Bewegungserscheinungen wird sich also mit dem Problem der Contraction zu befassen haben, und es scheint mir selbstverständlich, dass man die Behandlung dieses Problems dort aufzunehmen hat, wo man sowohl die Contractionserscheinung als auch deren Substrat in möglich einfachster Form vor sich hat, d. i. am nackten, formlosen, undifferenzirten Protoplasma der amoeboïden Zelle. Die lebendige Substanz der rhizopodoïden Zelle mit ihrer Bewegung muss Ausgangspunkt für die Untersuchung der Contractionserscheinung sein. Es heisst die Lösung des Contractionsproblems unnöthig erschweren, wenn man die Behandlung bei der quergestreiften Muskelzelle beginnt, wo die Differenzirung der lebendigen Substanz und ihre einseitige Anpassung an eine bestimmte Leistung ihren höchsten Entwicklungsgrad und ihre grösste Complication erreicht hat. Leider ist dieser Fehler fast ohne Ausnahme von allen Physiologen begangen worden, und zwar zum grossen Theil nur, weil die Physiologie seit dem Tode ihres genialen Meisters JOHANNES MÜLLER von der Existenz geeigneter Versuchsobjecte kaum noch Kenntniss nahm. Erst ganz neuerdings beginnt sich die Zahl der physiologischen Hausthiere zu vermehren.

* * *

Ausgehend von zellphysiologischen Untersuchungen über die Bedeutung des Zellkerns, die ich in den letzten Jahren besonders am Mittelmeer und rothen Meer unternahm, bin ich auf langen, einsamen Zügen in der Sinaiwüste zu einer Auffassung der die Contractionserscheinungen bedingenden Vorgänge gelangt, die ich noch während meines Aufenthalts am rothen Meer experimentell zu erhärten suchte. In kurzem Umriss habe ich diese Anschauung bereits a. a. O.[1]) angedeutet. Da mir indessen von verschiedenen Seiten gerathen wurde, diese Fragen, auf die ich an einer Stelle eingegangen bin, wo man ihre Behandlung dem Thema nach nicht vermuthet, für sich zu behandeln und weiter auszuführen, als es dort möglich war, so entschloss ich mich zu der vorliegenden Mittheilung, die ich hiermit einer wohlwollenden Prüfung meiner Fachgenossen übergebe.

[1]) VERWORN: „Die physiologische Bedeutung des Zellkerns". In Pflügers Arch. d. ges. Physiol. Bd. 51. 1891.

II. Frühere Theorien der Contractionserscheinungen.

Mit wenigen Ausnahmen sind bis jetzt nur Theorien über eine specielle Contractionserscheinung, besonders über Protoplasmaströmung und vor allem über Muskelcontraction aufgestellt worden. Für eine Theorie, die mehrere Contractionserscheinungen gleichzeitig berücksichtigt, sind nur von ENGELMANN und MONTGOMERY Beiträge geliefert worden.

Wie bemerkt, hat man bereits früh angefangen sich mit dem Problem der Muskelcontraction zu beschäftigen. Entsprechend dem damaligen Stande der Naturforschung waren diese älteren Theorien sehr naiv und roh und erkannten das Problem selbst noch kaum. HALLER [1]) hat diese älteren Theorien zusammengestellt, und ich will die hauptsächlichsten nur kurz als Curiosa anführen.

* * *

Die Theorie GALENS war für das ganze Mittelalter bis in das vorige Jahrhundert hinein allgemein gültig. Er stellte sich vor, dass vom Gehirn aus ein Hauch (spiritus) in die Nerven hineinführe, welcher die Nerven, die sich nach seiner Ansicht an der Ursprungsstelle des Muskels verzweigten, um sich in der Ansatzsehne wieder zu vereinigen, veranlasste, wie Stricke zu ziehen und so die Muskelmasse zwischen Ursprungs- und Ansatzstelle zusammenzupressen.

Auch NEWTON theilte eine ähnliche Anschauung, indem er annahm, dass ein „Aether" vom Willen in die Nervenröhren hineingeblasen werde und die Contraction veranlasse, und es ist ein schöner Charakterzug von HALLER, dass er zu der Theorie NEWTONS pietätvoll bemerkt: „Nihil certe absurdum videri debet, quod tantae menti probabile visum sit."

SANTORIN glaubte, dass sich der Nerv in Fasern fortsetze, welche blind endigen, und welche durch den Impuls des „spiritus nerveus" ausgedehnt würden, während sie sich bei der Erschlaffung infolge ihrer eigenen Elasticität wieder zusammenzögen. Daraus ent-

---

[1]) HALLER: „Elementa physiologiae corporis humani". Tomus IV. Lausannae 1762.

wickelten sich die verschiedenen Modificationen der seiner Zeit
weit verbreiteten Ansicht, dass die Muskelfasern aus Reihen von
kleinen Bläschen beständen, in welche vom Gehirn aus durch
die Nervenröhren ein Hauch (spiritus oder flatus) geblasen würde,
der die Bläschen füllte. Noch HALLER hat ernstlich die Frage
erwogen, wo nachher dieser „Spiritus" bliebe, ob er wieder ins
Gehirn zurückkehrte oder ob er verschwände, ob er vom Muskel
ausgehaucht würde, oder endlich ob er zum Theil an dem Leim
der Muskeln kleben bliebe („an potius adhaeret aliquid de spiritu
nerveo ad gluten musculi".)

Eine andere Vorstellung war die von ZIEGLER, welcher annahm, dass die Muskelfasern sich in ihrem Verlauf alternirend
knickten und bei der Erschlaffung wieder gerade streckten.

Sehr einfach war die Auffassung COWPERS, der die Contraction
darauf zurückführte, dass von den Arterien Blut in die Muskeln
gepresst würde, das dann langsam durch die Venen abflösse.

Es ist ebenso unterhaltend wie lehrreich, sich in diese älteren
Theorien der Muskelcontraction zu versenken. Der moderne Forscher
wird dadurch vor der sehr menschlichen Illusion bewahrt, dass die allgemeinen Ideen, welche jetzt mit voller Ueberzeugung als Eigenthum der
Wissenschaft betrachtet werden, auch wirklich sämmtlich der zer-
bröckelnden Kritik kommender Zeiten Stand halten werden. Wie
mancher von unseren Anschauungen und Auffassungen der Lebenserscheinungen wird es in einigen Jahrhunderten gehen wie diesen älteren
Theorien; wie manche von unseren Theorien und von unseren heiligsten
Ueberzeugungen wird dem Physiologen kommender Jahrhunderte
ein stilles Lächeln abgewinnen. Der Forscher wird sich neben
dem Genuss, den ihm die Befriedigung seines Causalbedürfnisses
gewährt, bescheiden müssen mit dem Bewusstsein, nach bestem
Wissen und Gewissen sein Schärflein zur Entwicklung der
Ideen beigetragen und hier und dort ein Körnlein menschlicher
Wahrheit den kommenden Geschlechtern überliefert zu haben.

*   *   *

Die neueren Theorien der Muskelbewegung hat HERMANN [1]
in seinem Handbuch der Physiologie zusammengestellt. Man hat die
Kräfte, welche der Muskelbewegung zu Grunde liegen, auf elastische,
auf elektrische, auf thermische, auf chemische zurück zu führen

---

[1] HERMANN: „Handbuch d. Physiologie" Bd. I. Leipzig 1879.

gesucht. Wie alle diese Versuche ausgefallen sind, hat HERMANN bereits kritisch beleuchtet. Es scheint mir daher nicht nöthig, bei der ungeheuren Zahl von Theorien, die besonders über die Muskelcontraction aufgestellt worden sind, jede einzelne von ihnen einer erneuten Kritik zu unterziehen. Ich beschränke mich darauf, einige wenige Theorien der lebendigen Bewegung, welche allgemeinere Verbreitung erlangt haben oder sich auf verschiedene Arten von Contractionserscheinungen beziehen, etwas eingehender zu behandeln.

* * *

Die Erscheinung der Protoplasmaströmung, wie sie besonders in Pflanzenzellen oder an den nackten Plasmodien von Myxomyceten zu beobachten ist, hat HOFMEISTER [1]) 1867 in seiner „Lehre von der Pflanzenzelle" zuerst auf mechanische Vorgänge zurückzuführen gesucht.

HOFMEISTER geht von der Voraussetzung aus, dass das Protoplasma ein quellungsfähiger Körper ist, dessen Wassercapacität nicht nur zu verschiedenen Zeiten, sondern auch gleichzeitig an verschiedenen Punkten seiner Masse wechselt, was er unter anderem aus der rhythmischen Contraction pulsirender Vacuolen schliessen zu müssen glaubt. Nach den Vorstellungen von der Zusammensetzung quellungsfähiger Körper bestehen diese letzteren aus festen Molekülen, deren jedes mit einer Wasserhülle umgeben ist. Nimmt die Wassercapacität der einzelnen Moleküle zu, so vergrössert sich diese Wasserhülle, die festen Moleküle werden durch ihre Hüllen aus einander gedrängt und der Körper quillt. Nimmt die Wassercapacität ab, so werden die Wasserhüllen kleiner und die Moleküle rücken wieder näher an einander heran. Fasst man zwei einzelne Moleküle ins Auge, die eine gleichgrosse Wasserhülle haben, und nimmt man an, dass die Wassercapacität des einen wächst, während die des anderen abnimmt, so dass also das erstere das überschüssige Wasser des zweiten empfängt, so tritt eine Annäherung beider Moleküle ein, denn der Radius der Wasserhülle des ersteren nimmt in geringerem Grade zu, als der Radius der Wasserhülle des zweiten abnimmt, da ja die überschüssige Wassermasse beim ersten, wasseraufnehmenden Molekül auf eine schon grössere Oberfläche vertheilt wird, als sie es bei dem zweiten, wasserabnehmenden Molekül war. Somit muss also eine Annäherung der Mittelpunkte

---

[1]) HOFMEISTER: „Die Lehre von der Pflanzenzelle". Leipzig 1867.

stattfinden. Zugleich tritt eine Strömung des Wassers in der Richtung von dem wasserabgebenden zu dem aufnehmenden Molekül hin ein. „Wird diese Vorstellung auf längere, nach allen Richtungen des Raumes geordnete Reihen wasserumhüllter Moleküle übertragen, so — meint HOFMEISTER — genügt sie vollständig zur Versinnlichung der Mechanik des in veränderlichen Richtungen und Bahnen fliessenden Protoplasmas." „Es trete an irgend einer Stelle des Plasmodiums innerhalb des bis dahin ruhenden Protoplasma eine — auf zur Zeit unbekannten Ursachen beruhende — Zunahme der Wassercapacität der Moleküle ein, welche an der Eintrittsstelle rasch anwachse, von da aus in einer gegebenen Richtung auf andere Moleküle sich fortpflanze; und in der Verlängerung dieser Richtung erfolge gleichzeitig eine Verminderung der Wassercapacität ferner liegender Moleküle. Der Erfolg ist eine Bewegung des von den minder imbibitionsfähigen an die imbibitionsfähigeren Moleküle abgegebenen Wassers nach der Eintrittsstelle der Zunahme der Imbibitionsfähigkeit hin. Zu den Theilen des Protoplasma, welche Wasser an sich reissen, geht von denen, welche Wasser ausstossen, eine Strömung hin. Wenn die Massen des angezogenen und ausgestossenen Wassers im Verhältnis zur Masse der festen Kerne der wasserumhüllten Moleküle sehr gross angenommen werden, so kann dieser Strömung Kraft genug beigemessen werden, dass sie auch ihr im Wege liegende, nicht zu schwere Körper, auch die Wasser abgebenden Moleküle des Protoplasma selbst, mit sich fortreisse. Die seitliche und die Endumgrenzung ist der in Strömung begriffenen Masse durch die Nachbarschaft relativ stationärer Molekülgruppen gesetzt. Die Strömung dauert in der gegebenen Richtung so lange, bis die an Imbibitionsfähigkeit gewachsenen Moleküle ihren (relativen) Sättigungsgrad erreicht haben. Dann folgt Ruhe." Auch die Bewegung der Geisseln von Schwärmsporen glaubt HOFMEISTER durch diese Vorstellung erklären zu können.

Abgesehen davon, dass bei dieser Theorie die Ursache unbekannt bleibt und auch schwer einzusehen ist, weshalb dieselben Moleküle bald ihre Wassercapacität erhöhen, bald erniedrigen sollen, dürfte sich aus den Quellungsvorgängen allein schwerlich das Vorströmen des Protoplasmas in das Medium hinein erklären, wie man es bei der Pseudopodienbildung findet, wie man es an vorkriechenden Plasmodien von Myxomyceten sieht, wie man es innerhalb der Pflanzenzelle in der Bildung von seitlichen Protuberanzen beobachten.kann. HOFMEISTER erkennt diese Schwierigkeit selbst, glaubt aber, dass sich z. B. die Bildung von Vorstössen etwa am Protoplasma von Pflauzenzellen durch eine Hilfshypothese erklären liesse, wenn man nämlich annähme, „dass an bestimmten Stellen [der Oberfläche] die Mächtigkeit der Wasserhüllen der Moleküle durch die Einwirkung von aussen sehr rasch auf ein Minimum herabgedrückt wird; an anderen Stellen derselben und im Innern langsamer. Die peripherische Schicht würde dann schneller auf ein kleineres Volumen sich zusammenziehen als die innere Masse. Letztere würde unter Druck versetzt, und würde an den Stellen geringsten Widerstandes, grösster Dehnbarkeit der peripherischen Schicht — den Stellen, welche die Mächtigkeit der Wasserhüllen ihrer Moleküle am wenigsten verringerten — in Form von Pro-tuberanzen hervortreten".

Diese Hilfshypothese kann indessen für die Erklärung der Bildung von langen dünnen, fadenförmigen Protoplasmassträngen, wie sie z. B. bei Myxomyceten vorkommen, kaum als hinreichend betrachtet werden.

Die Theorie HOFMEISTERs ist rein physikalisch. Die che-mischen Vorgänge, welche sich im lebendigen Organismus abspielen, werden in die Theorie nicht mit hineingezogen.

* * *

Aehnlich wie HOFMEISTERs Theorie und an den Grundgedankeu derselben sich anlehnend ist die Auffassung von ENGELMANN.[1] Auch ENGELMANN führt die Contractionserscheinungen auf Quel-lungsvorgänge zurück, aber er nimmt nicht nur eine Volumen-veränderung, sondern auch eine Formveränderung der kleinsten contractilen Theilchen an. ENGELMANNs Theorie stützt sich auf die Erscheinungen, die mikroskopisch am quergestreiften Muskel zu be-obachten sind.

ENGELMANN unterscheidet in jedem Segment einer Muskel-

[1] ENGELMANN: „Mikroskopische Untersuchungen über die quergestreifte Muskelsubstanz". I u. II. In Pflügers Arch. Bd. VII. 1873.
ENGELMANN: „Contractilität und Doppelbrechung". Pflügers Arch. Bd. XI. 1875.
ENGELMANN: „Neue Untersuchungen über die mikroskopischen Vor-gänge bei der Muskelcontraction". In Pflügers Arch. Bd. XVIII. 1878.
ENGELMANN: „Die Protoplasma- und Flimmerbewegung". In Her-manns Handbuch der Physiologie Bd. I. 1879.
ENGELMANN: „Ueber den Bau der quergestreiften Substanz an den Enden der Muskelfasern". In Pflügers Arch. Bd. XXVI. 1881.

faser zwei durch ihr Lichtbrechungsvermögen optisch verschiedene Substanzen. In der Mitte eine doppelt lichtbrechende, die anisotrope Substanz, welche von beiden Seiten durch eine einfach lichtbrechende, die isotrope Substanz begrenzt ist. Bei der Contraction der Faser nimmt jedes Muskelsegment an Höhe ab und an Breite zu, und zwar zeigt sich diese Erscheinung an beiden Substanzen in der Weise, dass beide Substanzen an Breite zu und an Höhe abnehmen, aber dass dabei die anisotrope Substanz an Volumen zu, die isotrope dagegen an Volumen abnimmt. Daraus geht unzweifelhaft hervor, „dass die anisotrope Schicht auf Kosten der isotropen sehr be deutend an Masse zugenommen hat". Zugleich ist zu bemerken: „mit zunehmender Verkürzung wird die isotrope Schicht dunkler, undurchscheinender, die anisotrope, mit Ausnahme der Mittelscheibe, heller, durchsichtiger", und ferner: „die isotrope Schicht wird fester, die anisotrope — mit Ausnahme der Mittelscheibe — weicher". ENGELMANN schliesst daraus, dass bei der Contraction Flüssigkeit aus der isotropen Substanz in die anisotrope übertritt. Es findet also eine Quellung der anisotropen Substanz statt. Nun haben die quellungsfähigen, anisodiametrischen organischen Substanzen, mögen sie todt oder lebendig sein, die Eigenthümlichkeit, bei der Quellung sich der Kugelgestalt zu nähern, d. h. sich in ihrer Längsrichtung wenigstens innerhalb bestimmter Grenzen zu verkürzen und in der Querrichtung zu verdicken. „Denkt man sich nun die anisotrope Substanz der Querscheiben aus langcylindrischen oder prismatischen, der Faseraxe parallel gelagerten Elementen oder Molekülen zusammengesetzt, welche durch, im Verhältniss zur Dicke der Moleküle, sehr schmale Flüssigkeitslagen von einander getrennt sind, und nimmt man an, dass diese Moleküle im thätigen Zustande vorübergehend durch Quellung sich der Kugelgestalt zu nähern streben, so hat man alles, was man zur Erklärung der mechanischen Vorgänge bei der Contraction braucht." Als alleinigen Sitz der contractilen Kräfte betrachtet ENGELMANN die anisotrope Substanz, da bei der Contraction das Sarcolemm sich den anisotropen Schichten entsprechend an der Oberfläche einer Faser stark nach aussen ausbuchtet, während die Faseroberfläche den isotropen Schichten entsprechend eingekerbt erscheint. ENGELMANN schliesst daraus, dass die Verdickung von den anisotropen Schichten ausgeht. Die isotropen Schichten hält er für „reizbar (nicht contractil) und reizleitend".

Dies ist in kurzem die Theorie ENGELMANNS von der Muskel-contraction. Er hat dieselbe dann weiter auch auf andere contractile Substanzen auszudehnen gesucht, denn er sagt mit Recht: „Ist unsere Vorstellungsweise für die quergestreifte Muskelsubstanz richtig, so muss sie im Princip auch auf alle anderen contractilen Substanzen, also insbesondere auf die der glatten Muskeln und der Flimmerhaare und auf das contractile Protoplasma angewendet werden können." „In den glatten Muskeln hätte man sich die ‚contractilen' Moleküle sämmtlich wie bei den quergestreiften Fasern mit ihren langen Axen der Faseraxe parallel, nirgends jedoch durch mikroskopisch wahrnehmbare, mit isotroper Substanz gefüllte Zwischenräume von einander getrennt, vorzustellen, also einen weniger differenzirten Zustand als in den quergestreiften Elementen."

„Im Protoplasma, z. B. der farblosen Blutkörperchen, der Amoeben, der Rhizopoden, Myxomyceten, vieler Pflanzenhaare u. s. w., wo die Verkürzungsrichtungen erfahrungsgemäss gleichzeitig an verschiedenen und zwar oft an unmittelbar benachbarten Stellen ganz verschieden sind, würden die langen Axen der „contractilen" Moleküle entsprechend verschieden gelagert sein. Damit wäre auch der Mangel deutlicher Polarisationserscheinungen selbst bei dickeren Protoplasmamassen in Uebereinstimmung.

Das Kugligwerden beweglicher Protoplasmakörper bei elektrischer Reizung würde sich jetzt daraus erklären, dass infolge der Reizung alle Moleküle gleichzeitig kugelig werden: infolge hiervon wird die Flächenanziehung, welche die Moleküle auf einander ausüben, und damit die mittlere Cohäsion der ganzen Masse nach allen Richtungen hin merklich gleich werden, das Ganze also wie ein Tropfen der Kugelgestalt zustreben müssen."

Für eine Reihe von speciellen Bewegungserscheinungen an nackten Protoplasmamassen sucht ENGELMANN die Anwendung seiner Theorie eingehender durchzuführen. So führt er z. B. das Ausstrecken von Pseudopodien, die Bildung von Ausläufern verschiedener Art darauf zurück, dass aus dem kugeligen Zustande, der nach seiner Auffassung sowohl der Erregung als der vollständigen Erschlaffung entsprechen kann, bestimmt orientirte Gruppen von contractilen Elementen aus dem contrahirten Zustande wieder in den gestreckten übergehen.

Die theoretischen Anschauungen ENGELMANNS sind unzweifelhaft die werthvollsten, welche bisher geäussert worden sind. Aber

trotzdem enthalten sie doch, auch abgesehen davon, dass Engelmann ebenso wie Hofmeister die Contractionserscheinungen nur
bis auf den Punkt zurückführt, wo nach der Ursache der mit
Volumen- und Formenveränderungen verbundenen Quellungserscheinungen gefragt wird, immer noch verschiedene Lücken. Die
Ausdehnungserscheinungen werden fast gar nicht berücksichtigt, denn
die für die Ausstreckung von Ausläufern angeführte Erklärung
dürfte für die Ausstreckung langer Pseudopodien, wie sie die Rhizopoden zeigen, kaum ausreichen. Dazu kommt, dass die Gründe,
welche für die Annahme einer langgestreckten Gestalt der contractilen Elemente bei nackten Protoplasmen angeführt werden, keiner
Kritik gegenüber Stand halten. Es wird dafür ins Feld geführt
„einmal die Thatsache, dass kleinste kugelig contrahirte Protoplasmatheilchen nach Aufhören der Reizung häufig eine gestreckte,
selbst äusserst schlanke (Faser-) Form (Pseudopodien u. a.) annehmen". Mir scheint eben gerade die Pseudopodienbildung aus der
Streckung kleinster contractiler Elemente, die nicht in bestimmter
Richtung fixirt sind, nicht recht verständlich zu sein. Ferner
soll „ruhendes hyalines Protoplasma — nicht selten eine Zerklüf-
tung in äusserst feine Fibrillen" zeigen, was aber auf einer Täuschung beruht, die zum Theil durch die weitverbreitete falsche
Ansicht hervorgerufen worden ist, dass alle contractilen Gewebe
faserige Structur besässen. Endlich verweist Engelmann darauf,
dass „die kleinsten unterscheidbaren Formelemente anderer contractiler Gebilde (der Flimmerorgane, Myophane, Muskelfasern) im
Ruhezustand sämmtlich eine langgestreckte Form" haben, ein Grund,
der mir nicht genügend scheint, um eine solche Structur auch auf
das nackte Protoplasma zu übertragen, wo sie in Wirklichkeit
nicht wahrgenommen wird und sich mit den an fliessenden Protoplasmamassen beobachteten Erscheinungen durchaus nicht verein-
baren lässt. Sämmtliche angeführte Gründe dürften daher nicht
wohl ausreichen, die Annahme einer langgestreckten Gestalt der contractilen Elemente nackter Protoplasmamassen zu stützen.

Aber abgesehen von diesen kleinen Lücken hat die Theorie
Engelmanns das grosse Verdienst, dass der Nachweis der wichtigen
Rolle, welche die Quellungserscheinungen bei der Muskelcontraction
spielen, sich direct aus den unbestreitbaren objectiven Befunden er-
giebt, welche die mikroskopische Untersuchung der Objecte liefert.
Die Ursache der Quellungserscheinungen bleibt allerdings weiterhin
aufzudecken.

* * *

In seinem Handbuch der Physiologie hat HERMANN [1]) einige „Anhaltspunkte für eine Theorie der Muskelcontraction" gegeben, welche besonders deshalb sehr beachtenswerth sind, weil sie auch die chemische Seite des Vorganges berücksichtigen und nachdrücklich auf die zahlreichen Analogien zwischen Muskelcontraction und Totenstarre aufmerksam machen, von denen er glaubt, dass ihnen beiden ähnliche Ursachen zu Grunde liegen. HERMANN stellt sich vor, dass die Muskelfasern aus Elementen von krystallartiger Beschaffenheit zusammengesetzt sind. „Diese Elemente besitzen, so müssen wir annehmen, in der Richtung der Faseraxe eine Axe lockersten Molekulargefüges, während senkrecht zur Axe das Gefüge am dichtesten ist. Im Augenblick der Contraction ändert sich die Substanz in der Weise chemisch um, dass der neue Körper einen geringeren Unterschied in der Dichte nach den beiden Hauptrichtungen besitzt und daher die Theilchen in der Axenrichtung näher zusammen, in der Querrichtung weiter aus einander rücken. Da die Coagulation durch Hitze die Anisotropie gänzlich beseitigt, alle sonstigen coagulirenden Einflüsse Starre, d. h. beträchtliche Veränderungen der Form im genannten Sinne und wahrscheinlich entsprechende Verminderung der Anisotropie herbeiführen, so liegt der Gedanke nahe, dass die fragliche chemische Veränderung ein Coagulationsvorgang oder einem solchen nahe verwandt sei. Der Umstand, dass alle contractilen Substanzen anisotrop sind, verleiht diesen Vorstellungen noch grössere Wahrscheinlichkeit."

„Die eigentliche Schwierigkeit und das noch vollkommen ungelöste Räthsel des Vorganges besteht darin, dass der Zustand, in welchen die anisotrope Substanz bei der Contraction übergeht, bei Erregungen innerhalb normaler Grenzen, ein durchaus labiler ist. Man kann sagen, dass alles bisher Angeführte allenfalls hinreicht, um die Todtenstarre zu erklären, aber nicht die lebendige Contraction."

„Um nun zu erklären, dass eine doch im wesentlichen bleibende chemische Veränderung eine vorübergehende Contraction nach sich zieht, wird kaum etwas Anderes übrig bleiben als sich vorzustellen, dass die chemische Substanz, welche die Veränderung der anisotropen Elemente herbeiführt, nehmen wir an ein Quantum Säure, durch ihre Anwesenheit den veränderten Zustand macht, alsbald aber durch die umgebende isotrope Substanz

---

wieder neutralisirt wird, so dass ihr verändernder Einfluss wieder wegfällt."

Obwohl HERMANN nur „Anhaltspunkte" geben will und die
„durchaus hypothetische Natur" seiner Auffassung selbst hervorhebt,
liegen doch, wie gesagt, in der Betonung des chemischen Moments
und in der Betonung der mannigfachen Analogien zwischen Muskelcontraction und Todtenstarre sehr werthvolle Elemente für den Aus-
bau einer richtigen Vorstellung von den Erscheinungen der Muskelbewegung. Seine Vorstellung bietet ferner den Vortheil vor der
ENGELMANNschen Theorie, dass für sie die Frage nach der Gestalt der contractilen Elemente nicht in Betracht kommt, so dass
sie nicht in den Fehler verfällt, ein und dieselbe (langgestreckte)
Gestalt für die Elemente aller contractilen Substanzen zu fordern.

Wie PFLÜGER[1]) hält auch HERMANN die Elemente der reiz-
baren und contractilen Substanz für explosiv. Bei der Reizung
tritt eine Explosion ein. Nun verhält sich bekanntlich an jedem
Protoplasma jede gereizte Stelle negativ elektrisch zu jeder ruhenden,
so dass der Contractionswelle, die von der Reizstelle aus über
das contractile Organ verläuft, eine Negativitätswelle entspricht.
In dieser Negativität des gereizten Protoplasmas sieht HERMANN
die Ursache für die Fortpflanzung der Erregung und damit der
Contractionswelle, indem der negativ gewordene Querschnitt seine
Elektricität mit der positiven des nächsten Querschnitts auszugleichen sucht, so dass der nächste Querschnitt erregt und selbst
wieder negativ wird und dadurch wieder erregend auf den folgenden
Querschnitt wirkt, indem sich seine freigewordene negative Elektricität wieder mit der positiven des folgenden ausgleicht und so
fort. So giebt die Negativitätswelle die Ursache für die Fortpflanzung der Erregung über das ganze contractile Organ, speciell
den Muskel, ab.

* * *

Im Jahre 1881 veröffentlichte EDMUND MONTGOMERY in
PFLÜGERS Archiv eine Arbeit über die lebendige Bewegung,[2]) die
ein eigenthümliches Gemisch von naiven Vorstellungen und richtigen
Gedanken ist, und wohl deshalb keine weitere Berücksichtigung erfahren hat.

---

[1]) PFLÜGER: „Ueber die physiologische Verbrennung in den lebendigen
Organismen". In Pflügers Arch. Bd. X. 1875.

[2]) EDMUND MONTGOMERY: „Zur Lehre von der Muskelcontraction".
In Pflügers Arch. Bd. XXV. 1881.

Montgomery geht von der richtigen Ansicht aus, dass man zum Verständniss der Muskelcontraction nur kommen kann durch das Studium der Erscheinungen, die sich bei der Contraction einfacherer Substanzen, wie der A m o e b e n, beobachten lassen. Er vertritt energisch die Ansicht, dass sowohl die Streckung wie die Zusammenziehung ein activer Vorgang ist, wie sich das bei den A m o e b e n, bei denen für eine passive Streckung jede Ursache wegfällt, deutlich beobachten lässt. „Contraction ist der durch Reize erzwungene Zustand; Elongation die selbsteigene Lebensäusserrung des sich bewegenden Protoplasmas.'' Die Contraction ist mit chemischem Zerfall, die Elongation mit chemischer Wiederherstellung einer gewissen Substanz verbunden. Ersteres schliesst er daraus, dass bei der Contraction eines Pseudopodiums Vacuolen an dessen Basis entstehen sollen, eine Beobachtung, die übrigens nur auf einem Irrthum beruhen kann. Diese Vacuolen, glaubt er, könnten nur den Zweck haben, Stoffe des Protoplasmas aufzunehmen und nachher nach aussen auszuscheiden, woraus er schliesst, dass bei der Contraction Zersetzungsstoffe entstehen müssen, die eben durch die Vacuolen dann ausgeschieden werden. Wenn aber die Contraction mit einer Zersetzung, so muss die Elongation, die ohne Zweifel der entgegengesetzte Vorgang ist, mit einer Synthese verbunden sein. Das hyaline Protoplasma, welches bei den Pseudopodien der A m o e b e n immer die Rindenschicht bildet, soll nach Montgomery bei der Contraction, d. h. bei der Einziehung des Pseudopodiums trübe und körnig werden, eine Beobachtung, die ebenfalls wieder auf Täuschung beruht. Indem er nun diese Verhältnisse auf den quergestreiften Muskel überträgt, vergleicht er die hyaline Rindensubstanz mit der isotropen, das körnige Endoplasma mit der anisotropen Substanz und folgert daraus, dass die isotrope Substanz wie die hyaline des Pseudopodiums der Ort sein muss, „wo die functionelle Zersetzung'' stattfindet. „Während der ganzen Dauer der Function würde hyaline Substanz an der Grenzschichte in granulirte Substanz verwandelt werden, und umgekehrt würde aus der granulirten Matrix des dunklen Bandes stets erneuerte hyaline Substanz hervorgehen.''

Diese Vorstellungen Montgomerys schweben zwar, wie viele Einzelheiten, die er anführt, in der Luft, aber trotzdem ist Montgomery der erste, der die hohe Bedeutung der Vorgänge am formlosen A m o e b e n protoplasma für das Verständniss der Muskelcontraction scharf hervorhebt. Ferner macht er mit Recht darauf aufmerksam, dass beide Phasen des Bewegungsvorganges, Elongation und Contraction, active Lebensverrichtungen sind, eine Anschauung die auch FICK sehr energisch vertritt.

*　　*　　*

Im Jahre 1888 veröffentlichte G. QUINCKE in kurzen Zügen eine Theorie der Protoplasmabewegung in Pflanzenzellen und nackten Protoplasmamassen, auf die er durch Bewegungser-scheinungen geführt worden war, die bei der Berührung gewisser Flüssigkeiten miteinander entstehen. Wenn man einen Oeltropfen in eine schwache Sodalösung oder eine andere schwach alkalische Flüssigkeit wie Galle oder Eiweiss bringt, so treten an diesem Oel-tropfen Bewegungserscheinungen auf, die je nach den Verhältnissen die mannigfachsten Bilder liefern und sämmtlich darauf beruhen, dass das Oel an der Berührungsfläche mit der alkalischen Lösung Seife bildet, welche sich in gesetzmässiger Weise an der Ober-fläche ausbreitet, so dass immer neue Oelmassen mit der Lösung in Berührung kommen u. s. f. Dadurch werden Strömungen im Oeltropfen erzeugt, die von den verschiedensten Formenveränderungen begleitet sein können. Auch von GAD [2]) sind diese Erscheinungen ausführlich beschrieben worden. QUINCKE behauptet nun, dass an der Oberfläche des Protoplasmas sich eine äusserst dünne Oelhaut befinde. Diese Oelhaut bildet mit den Eiweisskörpern des Proto-plasmas Seife und giebt so Anlass zu denselben Bewegungs-erscheinungen, wie sie bei den oben genannten Versuchen zu be-obachten sind. „Die Protoplasmabewegung hat ihren Grund in der periodischen Ausbreitung von Eiweissseife an der innern Ober-fläche der Oelhaut, die den Plasmaschlauch bildet.“

Es ist nicht zu bestreiten, dass das p h y s i k a l i s c h e Moment, so-weit die Oberflächenspannungsverhältnisse für das Zustandekommen gewisser Bewegungserscheinungen in Betracht kommen, beim Oel-tropfen und bei der A m o e b e im Princip das gleiche sein wird, denn beide sind tropfbarflüssige Massen von ähnlicher Consistenz, aber das berechtigt, wie mir scheint, doch nicht dazu, die c h e -m i s c h e n Vorgänge, die diesen Oberflächenspannungsveränderungen

---

[1]) G. QUINCKE: „Ueber periodische Ausbreitung an Flüssigkeits-Ober-flächen und dadurch hervorgerufene Bewegungserscheinungen“. In Sitzber. d. Königl. Preuss. Akad. d. Wissensch. zu Berlin Bd. XXXIV. 1888.

[2]) J. GAD: „Zur Lehre von der Fettresorption“. In Du Bois-Reymonds Arch. f. Physiologie. 1888.

zu Grunde liegen, ohne irgend welchen Anhaltspunkt zu identificiren. Die Aufstellung Quincke's, dass alles Protoplasma mit einer Oelhaut überzogen sei, dürfte wohl kaum allgemeine Annahme finden.

* * *

Vor Kurzem hat Elias Müller [1]) den ersten sehr umfangreichen Theil einer Theorie der Muskelcontraction veröffentlicht, die er mit einem ungeheuren Aufwand von Thatsachenmaterial, das die bisherigen Untersuchungen der Muskelphysiologie und Histologie liefern, zu stützen sucht. Da die Theorie noch nicht in ihrer vollständigen Begründung vorliegt, kann ich nur kurz den Hauptgedanken derselben andeuten ohne mir schon jetzt eine Kritik derselben erlauben zu dürfen.

Nach Müller's Theorie sind die anisotropen Schichten der quergestreiften Muskelfasern zusammengesetzt aus kleinen krystallähnlichen „Micellen", die mit ihren Längsaxen in der Richtung der Faserverkürzung orientirt und mit den gleichartigen Polen sämmtlich dem gleichen Faserende zugekehrt sind. Bei der Erregung des Muskels treten nun in den die Fasern umgebenden Sarkoplasmahüllen chemische Umsetzungen ein, die mit Wärmeproduction verbunden sind. Durch die auf diese Weise entstehende Wärme werden Kräfte in den Muskelmicellen wachgerufen, welche in der Art wirken, dass sich die Micelle mit ihren ungleichartigen Polen gegenseitig anziehen.

Diese Kräfte, welche in den Micellen bei der Erzeugung frei werden, hält Müller für elektrische. Er stellt sich vor, dass wie in pyroëlektrischen Mineralien, wie z. B. dem Turmalin, auch in den elektrisch-polarisirten Muskelmicellen durch die Erwärmung an beiden Polen ungleichartige Elektricitäten frei werden, so dass sich die ungleichartigen Pole der einzelnen hintereinander angeordneten Micelle anziehen. Dass das schnelle Verschwinden der Elektricität bei der Erschlaffung des Muskels dem Verständniss unter diesen Annahmen einige Schwierigkeiten bereitet, scheint Müller selbst zu fühlen. Aber der Schwierigkeiten dürften sich wohl noch mehrere herausstellen, wenn nicht der zweite Theil der Theorie dieselben unerwarteter Weise beseitigt.

[1]) Elias Müller: „Theorie der Muskelcontraction". Erster Theil. Leipzig. 1891.

Die im Vorstehenden geschilderten Theorien stellen die einzigen vor, welche in neuerer Zeit allgemeiner bekannt geworden sind. Unzweifelhaft enthalten manche unter ihnen sehr wesentliche Gesichtspunkte. Aber keine der Theorien reicht aus, um alle Bewegungserscheinungen in der Organismenwelt in befriedigender Weise zu erklären, d. h. auf Vorgänge zurückzuführen, wie sie im Princip auch den Bewegungserscheinungen zu Grunde liegen, die uns aus der unbelebten Welt bekannt sind.

III. Die Bewegungen formwechselnder Protoplasmamassen.

Wie bereits Eingangs bemerkt, ist es für das Verständniss aller Bewegungserscheinungen der lebendigen Substanz wesentlich, dass man mit dem Studium der einfachsten Erscheinungen am einfachsten Substrat beginnt. Wie der Morphologe die complicirten Verhältnisse im Bau der höheren Thiere erst verstehen lernt, wenn er den einfacheren Bau der niederen und niedrigsten Thiere kennt, so wird auch der Physiologe zum Verständniss der hochdifferenzirten Bewegungsformen zweckmässiger Weise erst die einfacheren und einfachsten Bewegungsformen untersuchen, aus denen sich die complicirteren entwickelt haben. Immer muss dabei die Zelle mit ihrem Inhalt, als Elementarsubstrat der Bewegung, Object der Untersuchung sein.

Diese Ueberlegung ist so einfach und ihre Richtigkeit so selbstverständlich, dass man sie mit Stillschweigen übergehen müsste, hätte nicht die Geschichte der Contractionstheorie gezeigt, wie wenig man sie beachtet hat.

Die niedrigsten Formen der lebenden Wesen und zugleich die Träger der einfachsten Bewegungserscheinungen haben wir unter den Protisten zu suchen und finden sie in der Gruppe der Rhizopoden, unter der hier alle einzellig-undifferenzirten Organismen zusammengefasst werden sollen, deren nacktes Protoplasma keine formbeständigen Bewegungsorganoïde besitzt, worunter sich also die

skelettlosen Amoeben ebenso wie die skeletttragenden Radiolarien und Foraminiferen befinden. Unsere Untersuchung
wird sich nicht ausschliesslich nur mit einer einzigen Form beschäftigen, sondern wird, von vergleichenden Gesichtspunkten geleitet,
verschiedene Objecte ins Auge fassen. Die für den vorliegenden Zweck bedeutsamsten Thatsachen
liegen in den Erscheinungen der Pseudopodienbildung, ferner in
den Wirkungen der Reize und endlich in gewissen Degenerationserscheinungen des Protoplasmas. Diese Thatsachen müssen wir im
Folgenden zunächst etwas ausführlicher betrachten.

1. Erscheinungen der Pseudopodienbildung.

Die Bewegungserscheinung, welche bei der Beobachtung der
Rhizopoden vor allem in die Augen fällt, ist die Bildung von
Pseudopodien, d. h. das Vortreten bestimmt gestalteter Ausläufer
über die Oberfläche des protoplasmatischen Körpers in das umgebende Medium hinein. Die Form und Anordnung der Pseudopodien ist sehr mannigfaltig und giebt, besonders bei den skelettlosen
Rhizopoden den Hauptanhaltspunkt für die Unterscheidung der
einzelnen Formen ab. Von der flachen, auf breiter Basis ruhenden
Hervorwölbung, wie sie z. B. Amoeba guttula (Fig. 1a) zeigt,
bis zu den langen und dünnen, baumartig verzweigten Füden, welche
die Foraminiferen (Fig. 1g u. h) haben, bestehen lückenlose
Uebergänge in der Form. So hat z. B. die Amoeba princeps
(Fig. 1b) breite lappenförmige, Difflugia lobostoma (Fig. 1c)
dicke fingerförmige, Amoeba diffluens (Fig. 1d) breite, an den
Enden zerschlitzte, Amoeba radiosa (Fig. 1e) kurze stachel-
förmige, die Radiolarien (Fig. 1f) gerade nadelförmige, die Foraminiferen schliesslich lange fadenförmige (Fig. 1g) und manche
unter ihnen netzartig verzweigte (Fig. 1h) Pseudopodien. Für jede
Rhizopodenform ist eine bestimmte Gestalt der Pseudopodien charakteristisch. Ferner werden bei denjenigen Formen, die sich auf festen
Körpern kriechend bewegen, wie die Amoeben, Foraminiferen
etc., die Pseudopodien naturgemäss nicht nach allen Dimensionen des
Raumes gleichmässig ausgestreckt, während bei manchen frei im Wasser
flottirenden Radiolarien, bei denen die Pseudopodien für die Locomotion nicht in Betracht kommen, ein radiär angeordneter Strahlenkranz von Pseudopodien den kugelrunden Körper allseitig umgiebt.

Das Aussenden von Ausläufern irgendwelcher Form in das umgebende Medium hinein ist für alle rhizopodoïden Protoplasma-

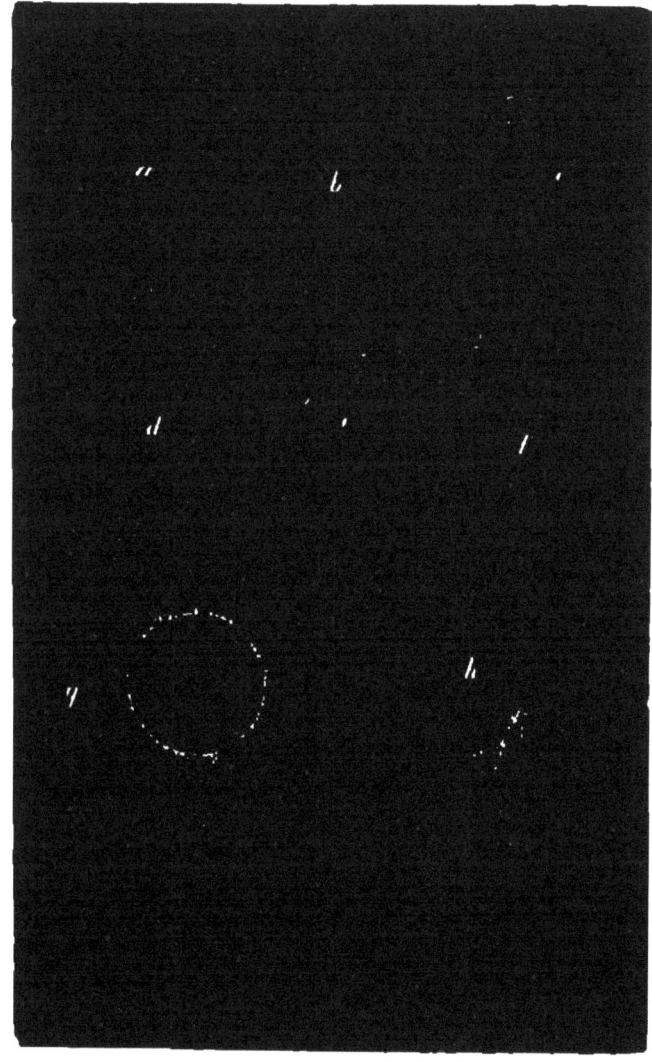

Fig. 1.

a Amoeba guttula, *b* Amoeba princeps, *c* Difflugia lobostoma,
d Amoeba diffluens, *e* Amoeba radiosa, *f* Actinosphaerium
Eichhornii, *g* Orbitolites complanatus, *h* Lieberkühnia.

massen charakteristisch. Es ist aber von Wichtigkeit für den
vorliegenden Zweck, einige feinere Einzelheiten dieser Ausbreitungserscheinungen des Protoplasmas der Rhizopoden ins Auge zu fassen.

Ohne auf die Consistenzdifferenzen näher einzugehen, welche die verschiedenen Elemente innerhalb einer Protoplasmamasse zeigen, muss man die ganze Masse als eine etwas dickflüssige Substanz betrachten, die wie andere Flüssigkeiten in ihrer Bewegung den physikalischen Gesetzen tropfbar flüssiger Massen gehorcht. Fliessen, Strömen und Tropfenbildung sind daher die Hauptbewegungserscheinungen des nackten Protoplasmas. Zwar haben die Erscheinungen der Pseudopodienbewegung von DUJARDIN [1]) und später von MAX SCHULTZE [2]) und HAECKEL [3]) schon ihre allbekannten Darstellungen erfahren, aber es sind doch dabei einige Punkte, die gerade für die vorliegende Frage in Betracht kommen, theils nicht beachtet, theils wenig hervorgehoben worden, so dass es nicht überflüssig erscheint, die Hauptpunkte, welche hier in Betracht kommen, etwas genauer zu schildern.

Die einfachsten Verhältnisse der Pseudopodienbildung findet man bei den Amoeben, wo dieselben ja allgemein bekannt und jeden Augenblick leicht zu beobachten sind. Man entnimmt einer Flüssigkeit, die viele Individuen von Amoeba limax enthält, ohne besondere Vorsicht einen Tropfen, lässt ihn auf eine Glasplatte fallen und bedeckt ihn mit einem Deckgläschen. Beobachtet man dann unmittelbar darauf eine Amoebe unter dem Mikroskop, so zeigt sie gewöhnlich mehr oder weniger regelmässige Kugelform. Der völlig nackte Protoplasmakörper stellt ein rundliches Klümpchen vor, an dem man ein hyalines peripherisches Exoplasma unterscheidet, das in ein grobkörniges Endoplasma übergeht. Eine Bewegung ist zunächst nirgends zu bemerken. Nach einigen Secunden aber beginnt sich die hyaline Rindenschicht an irgend einer Stelle des Körpers, häufig ruckartig, flach über die Oberfläche hervorzuwölben, es entsteht nach dieser Vorwölbung hin eine von der Peripherie nach dem Innern zu um sich greifende Strömung und der Vorstoss verlängert sich, indem auch körniges Endoplasma nachströmt, zu einem lappigen Pseudopodium. Inzwischen ist an irgend einer anderen Stelle des Körpers ein gleicher Vorstoss durch Vorfliessen des Protoplasmas gebildet worden, in den nun ebenfalls wieder das innere Protoplasma nachströmt. Der erste Vorstoss hört auf sich zu verlängern, und die Masse, welche ihn bildete, strömt

[1]) DUJARDIN: „Histoire naturelle des Zoophytes-Infusoires". Paris 1841.
[2]) MAX SCHULTZE: „Der Organismus der Polythalamien". Leipzig 1854.
[3]) E. HAECKEL: „Die Radiolarien". Berlin 1862.

mit dem übrigen Protoplasma wieder vermischt in den zweiten Vorstoss nach. So werden anfangs meist mehrere Pseudopodien gleichzeitig oder nacheinander ins Medium hineingesandt (Fig. 3 *a* pag. 24) Schliesslich aber strömt die ganze Protoplasmamasse in einen einzigen Vorstoss hinein, die Amoebe hat sich mittels eines feinen klebrigen Ueberzugs an die Unterlage angeheftet und fliesst nun gewissermassen ein einziges dickes Pseudopodium vorstellend langgestreckt in einer geraden Richtung vorwärts (Fig. 3 *b* pag. 24). Die Strömungsrichtung ist dabei stets die gleiche: die ganze mittlere Axenmasse strömt continuirlich nach vorn. Alles was vorn an die Oberfläche gelangt ist, wird immer wieder von den neu nachströmenden Axenmassen zur Seite gedrängt und bildet so scheinbar einen rückläufigen Strom an der Peripherie, der sich hinten mit der breiten Axenmasse mischt und mit ihr in der Axe wieder nach vorn strebt (Fig. 2). So ist eine regelmässige Circulation im Protoplasmatropfen vorhanden, indem die Massen fortwährend an die Oberfläche fliessen, wieder in die Axen-

Fig. 2.
Richtung der Protoplasmaströmung in einer kriechenden Amoeba limax.

masse hineingerathen, wieder an die Oberfläche strömen u. s. f.

In ganz derselben Weise wie bei Amoeben erfolgt bei den anderen Rhizopodenformen die Ausstreckung der Pseudopodien; immer beruht sie darauf, dass aus dem Körper Protoplasma in das Medium hineinfliesst. Es ist indessen zweckmässig, auch noch bei dem anderen Extrem der Pseudopodienformen, bei den fadenförmigen Pseudopodien der Polythalamien, die Ausstreckungserscheinungen zu verfolgen, weil einzelne Momente bei der Länge dieser Pseudopodien deutlicher hervortreten.

Ich lege der Schilderung den Orbitolites complanatus (Fig. 1 *g*) zu Grunde, ein Polythalam, das eine durchschnittlich 5 mm grosse scheibenförmige Kalkschale mit vielen, in concentrischen Kreisen angeordneten Kammern besitzt, aus deren Rande die oft 1,5 cm langen fadenförmigen Pseudopodien hervortreten, die schon mit blossem Auge als feine seidenglänzende Büschel zu erkennen sind.

Hat man einen Orbitolites in einem flachen Schälchen mit Seewasser unter das Mikroskop gebracht, so beginnt nach einiger Zeit der Ruhe langsam die Pseudopodienbildung. Aus *d* .n Rande

der scheibenförmigen Schale tritt hier und dort ein äusserst feines
Spitzchen hervor, das sich durch nachströmendes Protoplasma ziemlich
schnell zu einem geraden Fädchen verlängert. Hat das Fädchen eine
gewisse Länge erreicht, so berührt es mit der Spitze die Unterlage,
klebt an derselben lose an und zieht sich nun, indem fortwährend
vom Körper her ein Strom von Protoplasma nach der Spitze
nachfliesst, zu einem langen, dünnen, geraden Faden aus. Die Oberfläche des Fadens ist ziemlich glatt und zeigt nur bei starker Vergrösserung geringe Verdickungen, die, theils durch Körnchen, theils
durch Zusammenballungen von Protoplasma gebildet, mit dem
übrigen Protoplasma auf dem Faden in centrifugaler Richtung bis
zur Spitze hin vorwärts gleiten und so das anziehende Phaenomen
der Körnchenströmung auf den Pseudopodien erzeugen, das auf
den Beobachter immer von neuem wieder den ursprünglichen Reiz
ausübt. Betrachtet man die Spitze eines sich ausstreckenden
Pseudopodiums mit etwas stärkerer Vergrösserung, so bietet sie
eine auffallende Aehnlichkeit mit einer vorwärts kriechenden Amoeba
limax. Sie ist vorn schwach keulenförmig angeschwollen, und das
Protoplasma strömt an ihr genau wie bei einer Amoebe vorwärts, bald ein wenig nach rechts, bald etwas nach links abweichend,
aber doch immer im Ganzen die gerade Linie inne haltend. Das
an die Spitze gelangte Protoplasma wird dabei immer wieder von
dem neu nachströmenden bei Seite gedrängt und bleibt liegen. So
nimmt das Pseudopodium immer mehr an Länge zu. So lange
das Pseudopodium sich streckt, zieht ein continuirlicher Strom von
Protoplasma mit seinen Körnchen in centrifugaler Richtung der
ganzen Länge nach durch den Pseudopodienstrang, der langsam
dabei auch ein wenig an Dicke zunimmt. Die Körnchenströmung
ist also bei lebhaft sich streckenden Pseudopodien ausnahmslos
centrifugal. Hier und dort bildet sich an einer Stelle eine
kleine Verdickung, aus der unter spitzem Winkel nach vorn ein
feines Spitzchen heraustritt, das sich nun zu einem Nebenpseudo-
podium entwickelt, indem der vom Körper kommende Protoplasmastrom sich hier in zwei Arme theilt, von denen der eine in gerader
Richtung aus Ende des Hauptpseudopodiums zieht, während der
andere in den Nebenast einlenkt. Die Nebenpseudopodien können
selbst wieder Aeste treiben, und so entsteht oft ein mehrfach ver-
zweigter Pseudopodienstamm, der mit benachbarten Pseudopodien
durch Zusammenfliessen des Protoplasmas Anastomosen eingehen
kann.

Hört die Ausstreckung des Pseudopodiums allmählich auf und verharrt das Pseudopodium einige Zeit bei einer bestimmten Länge, so bleibt die Richtung der Protoplasmaströmung nicht mehr ausschliesslich centrifugal, sondern man beobachtet jetzt neben der centrifugalen Strömung auch einen ebenso starken centripetalen Strom, der wieder in den centralen Protoplasmakörper zurückkehrt. Häufig treffen sich dabei zwei kleine Protoplasmawülste, die in entgegengesetzter Richtung auf dem Pseudopodium entlang gleiten. Dann halten sie einander oft einige Augenblicke auf, vermischen sich, um dann entweder gemeinsam in der einen oder anderen Richtung ihren Weg fortzusetzen, oder sich wieder in zwei Wülste zu trennen, deren einer in centrifugaler Richtung gleitet, während der andere dem Körper zufliesst. Diese localen Wülste oder Anschwellungen von Protoplasma ragen nur wenig über die Oberfläche des Pseudopodiums hervor, können hier und dort entstehen und verschwinden, und sind nicht mit den wirklichen formbeständigen Körnchen zu verwechseln, die im Protoplasma liegen und natürlich ebenfalls an dessen Strömung theilnehmen.

Wird ein lang ausgestrecktes Pseudopodium in den Körper wieder eingezogen, so beginnt zuerst die centripetale Protoplasmaströmung immer mehr über die centrifugale zu überwiegen, und bald sieht man, namentlich bei energischer Einziehung des Pseudopodiums, nur noch ausschliesslich centripetale Strömung des Protoplasmas mit seinen Wülsten und Körnchen. Die Spitze schmilzt dabei immer mehr ein, indem das Pseudopodium immer dünner und feiner wird, bis schliesslich alles Protoplasma des ganzen Fadens in den Körper zurückgeströmt ist.

Diese Vorgänge sind stets die gleichen bei der Bildung der verschiedensten Pseudopodienformen. Jede Pseudopodienausstreckung beruht auf einem centrifugalen Hineinfliessen des Protoplasmas in das umgebende Medium und jede Pseudopodieneinziehung auf einem centripetalen Zurückfliessen in den Körper, sei es dass das Protoplasma frei in das Medium hinein, wie bei skelettlosen Radiolarien, sei es, dass es auf einer Unterlage wie bei den Amoeben und Polythalamien, sei es endlich, dass es auf besonders dazu differenzirten Gleitbahnen wie bei Actinosphaerium oder skeletttragenden Radioalarien strömt.

2. Erregungserscheinungen.

Wie sich bei ungestörten Rhizopoden die augenfälligste Bewegung in der Ausstreckung von Pseudopodien kundgiebt, so erscheint als der hervortretendste Ausdruck des Erregungszustandes die Einziehung ausgestreckter Pseudopodien, d. h. die Neigung des Protoplasmakörpers, mehr oder weniger ausgeprägte Kugel- oder Klumpenform anzunehmen. Es ist dies die ausnahmslose Wirkung aller Reizqualitäten, die überhaupt auf das betreffende Protoplasma erregend wirken. Wird eine Amoebe, die ihre Pseudopodien ausgestreckt hat, mechanisch gereizt, etwa durch andauernde Erschütterungen; wird sie chemisch gereizt durch Zusatz von irgend welchen Salzen, Alkalien oder Säuren in geeigneter Concentration; wird sie elektrisch gereizt durch Tetanisiren mit dem galvanischen Inductionsstrom; wird sie thermisch gereizt durch Erwärmen über 35 ° C.: in jedem Falle werden die Pseudopodien eingezogen und der Körper nimmt Klumpenform an, indem sich alles

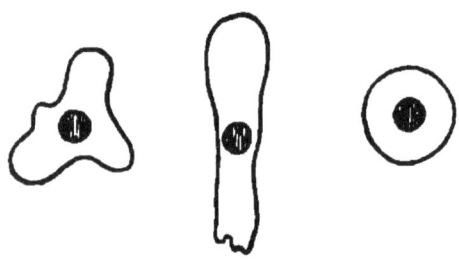

Fig. 3.

Amoeba limax (Umriss mit Zellkern). Links nach allen Seiten kriechend, in der Mitte in der typischen Kriechform, rechts gereizt.

Pseudopodienprotoplasma um das körnige Endoplasma mit dem Kern als Mittelpunkt sammelt (Fig. 3). Ebenso verhalten sich alle anderen Rhizopoden. Ein Unterschied besteht nur in der verschiedenen Erregbarkeit bei gleicher Intensität des Reizes und in der Geschwindigkeit der Reaction, d. h. viele Rhizopoden reagiren noch nicht auf Reize, die bei anderen schon energische Wirkung entfalten, und manche reagiren äusserst träge im Gegensatz zu anderen, bei denen die Reaction oft ruckweise erfolgt.

Es ist auch hier nicht überflüssig, auf gewisse Einzelheiten bei der Retraction der Pseudopodien näher einzugehen.

Am klarsten treten die Erregungserscheinungen hervor bei Anwendung localer Reize, und da es gleichgültig ist, welchen Reiz man anwendet, so wählen wir den mechanischen Reiz, weil der sich am bequemsten localisiren lässt. Wir wenden uns gleich wieder zu Orbitolites und suchen uns unter dem Mikroskop für unser Experiment ein einzelnes langes und unverzweigtes Pseudo-

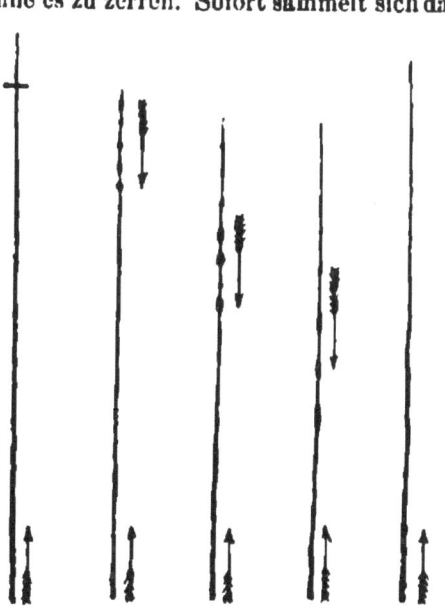

podium auf. Um sicher zu sein, immer einen gleichstarken Reiz anzuwenden, nehmen wir den Maximalreiz, d. h. die Durchschneidung mittels einer haarscharfen feinen Lanzette. Der Orbitolites liegt ungestört im flachen Schälchen, und das Pseudopodium ist gerade und glatt und noch in Ausstreckung begriffen, d. h. seine Protoplamaströmung geht ausschliesslich centrifugal. Jetzt schneiden wir durch einen scharfen Druckschnitt die Spitze des Pseudopodiums ab (Fig. 4 bei x), vorsichtig, ohne es zu zerren. Sofort sammelt sich das der Schnittstelle zunächstliegende Protoplasma zu einem kleinen Klümpchen an, das in centripetaler Richtung auf dem Pseudopodium entlang zu gleiten beginnt. Gewöhnlich bilden sich noch einige weitere Klümpchen, wobei immer die Kugel- oder Spindelform vorherrscht, und folgen dem ersteren in centripetaler Richtung nach (Fig. 4). Das erste Kügelchen bezeichnet dabei die Grenze, wo das erregte Protoplasma mit dem noch unerregten und centrifugal strömenden sich berührt. Das letztere wird von den Kügelchen in

Fig. 4. Pseudopodium von Orbitolites. Locale Reizung. Die Pfeile geben die Strömungsrichtung an. Links Beginn, rechts Ende der Erregung.

seinem Wege aufgehalten, vermischt sich mit ihnen und kehrt wieder nach dem Körper zu um. Erst nach einiger Zeit, noch ehe die Kügelchen den Körper erreicht haben, strecken sio sich allmählich wieder und vermischen sich mit dem ihnen entgegenkommenden Protoplasma, um schliesslich, nachdem sie ungefähr einen Weg von 0,3 — 1,5 mm zurückgelegt haben, völlig zu verschwinden (Fig. 4). Die Richtung der Protoplasmaströmung ist jetzt wieder auf dem ganzen Pseudopodium centrifugal, das Pseudopodium ist glatt und streckt sich von neuem weiter aus, nachdem es sich erst infolge der centripetalen Strömung des Protoplasmas von der Spitze fort verkürzt hatte. Ungefähr 2 Minuten nach der Durchschneidung ist jede Erregung vorüber (Fig. 4 rechts). Verfolgt man die Klümpchen in Fällen, wo auf einer dünneren Strecke des Pseudopodiums ihnen etwas dickere Massen centrifugal fliessenden Protoplasmas entgegenkommen, so halten sich beide auf ihrem Wege auf, gehen aber dann vereint weiter, indem in der Regel die kleinere von beiden Massen sich mit der grösseren vermischt

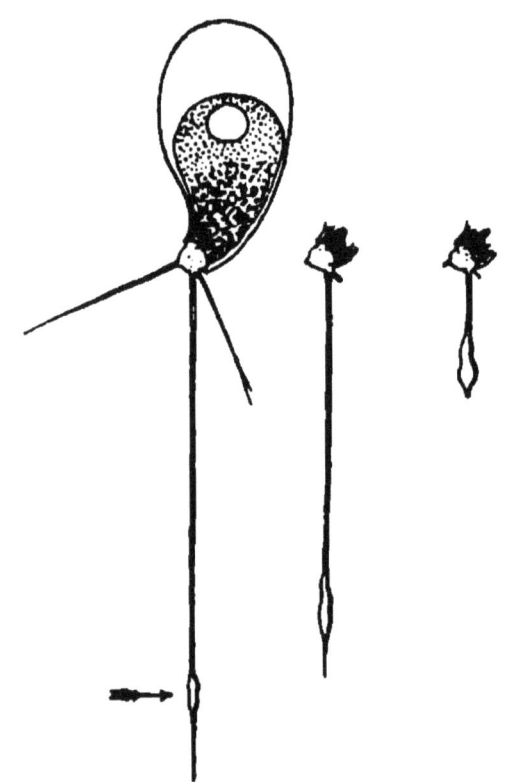

und derselben folgt. So wird also durch immer neu entgegenkommende centrifugale Massen diecentripetaleTendenz der Klümpchen allmählich vollkommen paralysirt, und die centrifugale Tendenz der frisch vom Körper her nachströmenden Massen gewinnt schliesslich allein die Herrschaft.

Vielleicht noch klarer spielen sich diese Erscheinungen bei der allerdings viel kleineren Cyphoderia margaritacea ab(Fig.5), einem mit retortenkopfförmiger, durchsichtiger, feinstructurirter Schale versehenen Süsswasserrhizopod, dessen lange, ebenfalls fadenförmige,

Fig. 5.

Cyphoderia margaritacea. Reizretraction eines Pseudopodiums bei localer Reizung. Der Pfeil bezeichnet die Reizstelle.

aber etwas dickere Pseudopodien vollkommen homogen erscheinen und gerade, glatte, durchsichtige Stränge bilden. (Fig. 5.) Das Protoplasma von Cyphoderia ist viel erregbarer als das von Orbitolites und reagirt auch schneller. Reizt man einen lang ausgestreckten Pseudopodienfaden, der noch in Streckung begriffen ist, in geringer Entfernung von seiner Spitze, indem man ihn mit einer spitzen Nadel unter dem Mikroskop berührt, so sammelt sich momentan an dieser Stelle das Protoplasma zu einem kleinen

Klümpchen an, das schnell in centripetaler Richtung zu gleiten beginnt, indem sowohl von der Spitze als vom Körper her das Protoplasma des Pseudopodiums in das Klümpchen einschmilzt. Die Spitze wird schnell dünner und dünner und ist schliesslich ganz im Klümpchen verschwunden, das ziemlich lebhaft dem Körper zufliesst (Fig. 5). War das Pseudopodium sehr lang, so beginnt das Klümpchen allmählich langsamer vorzurücken, streckt sich bald mehr in die Länge und ist schliesslich nicht mehr über der geraden Oberfläche des Pseudopodiums zu erkennen. Das Pseudopodium fängt wieder an sich weiter auszustrecken, indem das ganze Protoplasma wieder centrifugale Tendenz zeigt, und die Erregung ist damit erloschen. War das Pseudopodium dagegen nur kurz, so schmilzt sein ganzes Protoplasma in das Klümpchen ein, das dadurch immer grösser wird und näher an den Körper heranrückt, bis es schliesslich darin verschwindet.

In allen Fällen localer Reizung tritt ausnahmslos dieselbe Erscheinung ein: das erregte Protoplasma strömt ausschliesslich nur in centripetaler Richtung, niemals vom Körper fort.

Dem entspricht das Verhalten des Protoplasmas bei t o t a l e r R e i z u n g d e s K ö r p e r s. Dieselben Erscheinungen treten dann an der ganzen Pseudopodienmasse auf, bei schwacher Reizung langsamer und weniger ausgeprägt, bei stärkerer Reizung stürmischer und deutlicher.

Betrachten wir zuerst das Verhalten der D i f f l u g i a l o b o s t o m a, eines Süsswasserrhizopods, das aus der Mündung seiner birnenförmigen Schale vollkommen homogen erscheinende, fingerförmige Pseudopodien entsendet (vgl. Fig. 1 c pag. 19). Erschüttern wir ein Individuum, das unter dem Mikroskop Pseudopodien ausgestreckt hat, durch einen mässigen Stoss an die Unterlage, so tritt bei einer gewissen mittleren Stärke dieses Reizes ein langsames Rückströmen des Protoplasmas ein, so dass die Pseudopodien ohne wesentliche Veränderungen zu zeigen, in den klumpigen Protoplasmakörper eingezogen werden. Etwas anders aber gestaltet sich das Bild bei sehr heftiger Erschütterung (Fig. 6). Alsdann sehen wir aus der Oberfläche des homogenen Pseudopodiums, wie aus einer Membran, durch die man Wasser presst, kleine Tröpfchen heraustreten, die sich sehr schnell vergrössern, untereinander verschmelzen und nun einen Ueberzug bilden auf einer Axenmasse, die scharf von ihm abgegränzt ist und sich durch stärkeres Lichtbrechungsvermögen deutlich von ihm unterscheidet. Der ganze Vorgang erfolgt ziemlich schnell und das Pseudopodium zieht sich während dessen lebhaft in den Körper zurück und zwar schmilzt der Axenstrang in der Regel viel schneller ein als die Aussenmasse, die er oft wie eine Hülle an der Oberfläche des Körpers, in der er verschwindet, abstreift. Nach einiger Zeit mischt sich auch die Aussenmasse wieder mit dem Körperprotoplasma untrennbar für das Auge. Am besten sind diese Vorgänge zu verfolgen an Difflugien, denen man vorsichtig die Schale mit feinen Instrumenten abpräparirt hat. Die sehr schnell erfolgende Scheidung des vorher homogenen Protoplasmas in zwei verschiedene Substanzen, deren eine sich in die Axe zurückzieht und die andere an die Oberfläche auspresst, ist bei intensiverer

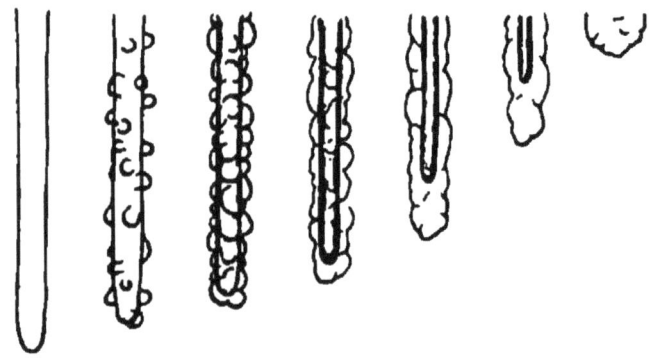

Fig. 6.

Difflugia lobostoma. Reizretraction eines Pseudopodiums bei totaler Reizung in 7 Stadien. Links ungereizt, rechts vollständig retrahirt.

Reizung für Difflugia höchst charakteristisch. Sie erscheint um so weniger deutlich, je schwächer der Reiz ist.

Wir kehren wieder zu Orbitolites zurück. Um zunächst einen schwachen Reiz einwirken zu lassen, wählen wir das Sonnenlicht, das durch den Spiegel des Mikroskops auf das Objekt reflectirt wird, denn Orbitolites reagirt auf Licht und Wärme. Unser Versuchsobject hat rings um seinen Umfang einen Pseudopodienkranz entfaltet und wir lassen, während sich die Pseudopodien noch weiter strecken, plötzlich das Sonnenlicht einwirken. Da wir eine sehr geringe Intensität des Reizes gewählt haben, ist die Wirkung nicht sofort in die Augen fallend, aber wir bemerken bald, dass sich sämmtliche Pseudopodien langsam zu verkürzen beginnen. Während wir vorher fast ausschliesslich centrifugale Protoplasmaströmung auf den Pseudopodien beobachteten, sehen wir jetzt auch

eine centripetale Strömung daneben auftreten, die immer mehr die
Oberhand gewinnt, so dass sich die Pseudopodien mehr und mehr
verkürzen, ohne aber ihr normales Aussehen wesentlich zu verändern.
Nach einiger Zeit, je nach der Intensität des reflectirten Sonnen-
lichts früher oder später, sind sämmtliche Pseudopodien ganz in
den Körper eingezogen.

Viel charakteristischer ist das Verhalten bei intensiverer Reizung
(Fig. 7), wie man sie etwa durch vorsichtige Erschütterungen der Unterlage erzielen kann. Reizt man auf diese Weise einen Orbitolites,
der einen reichen Pseudopodienkranz ausgestreckt hat (Fig. 7 links), so
fliesst auf allen Pseudopodien das Protoplasma zu einer Anzahl kleiner
Kügelchen und Tröpfchen zusammen (Fig. 7 rechts). Es entsteht ein

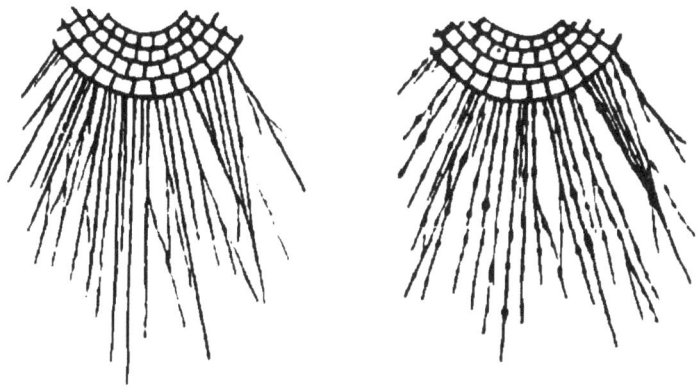

Fig. 7.
Orbitolites. Ein Theil der Oberfläche mit Pseudopodien. Links ungestört, rechts
total durch andauernde Erschütterung gereizt.

äusserst charakterisches Bild. Die Pseudopodien haben ihre glatte
Oberfläche verloren und zeigen überall kleine kugel- und spindel-
förmige Verdickungen von verschiedener Grösse. Interessant ist
nun das Verhalten dieser kleinen Tröpfchen bei andauernder
Reizung. Jedes kleinere Kügelchen hat nämlich im allgemeinen die
Tendenz, in das nächstliegende grössere hineinzufliessen. Letzteres
bildet so gewissermassen einen Anziehungsmittelpunkt für die benachbarten kleinen Tröpfchen, der um so stärker wirkt, je näher er
liegt. Die kleinen Tröpfchen gleiten auf den immer dünner werdenden
Pseudopodiensträngen entlang und verschmelzen mit dem nächst-
grösseren Kügelchen, gleichgültig ob sie dabei in Bezug auf die
centrale Körpermasse centripetal oder centrifugal oder sei es auf
einem Nebenast, seitwärts fliessen müssen. Aber das grössere

Kügelchen hat selbst wieder die Tendenz, in das nächstgrössere hineinzufliessen, und so sammelt sich das Protoplasma zu immer wenigeren aber grösseren Kugeln und Tropfen an. Als mächtigstes Anziehungscentrum dient dabei der centrale Protoplasmakörper. Er bildet das Endziel, in das schliesslich alle Kugeln, Tropfen und Spindeln hineinströmen. Das Pseudopodiennetz verkürzt und verringert sich auf diese Weise immer mehr und mehr und schmilzt schliesslich ganz in den Protoplasmakörper ein.

Dieselben Erscheinungen der Tröpfchenbildung und des centripetalen Zurückströmens des Protoplasmas findet man bei allen Rhizopoden mit dünneren Pseudopodien wieder. Wird Actinosphaerium Eichhornii (vgl. pag. 19 Fig. 1f) jenes schöne Süsswasserheliozoum, von dessen kugelförmigem, vacuolenreichem Körper ringsherum ein Strahlenkranz von geraden, unverzweigten Pseudopodien ausgeht, irgendwie in Erregung versetzt, etwa chemisch durch Zusatz einer verdünnten Salzlösung, so tritt sofort auf den vorher glatten Pseudopodien die charakteristische Bildung von Knötchen und Spindelchen ein, die dann zugleich mit den starren, zurückziehbaren Gleitbahnen der Pseudopodien in den Körper hineinfliessen, bis schliesslich alle Pseudopodien eingezogen sind. [1]) Dauert die Reizung auch dann noch fort, so zieht sich das Protoplasma der vacuolenreichen Rindenschicht immer tiefer centralwärts zurück, so dass die Vacuolen von ihren dünnen Protoplasmawänden befreit nach und nach von der Oberfläche her platzen, ein Vorgang, der ebenfalls immer weiter centripetal vorwärts schreitet.

Ganz ebenso verhalten sich die Radiolarien.[2]) Auch hier zieht sich bei andauernder Reizung das Protoplasma immer weiter nach dem Centrum zurück. Die Pseudopodien werden eingezogen, dann beginnen die Vacuolen von der Peripherie her zu zerplatzen, das Protoplasma sammelt sich zu soliden Massen um die Centralkapsel an, und schliesslich bei andauernder intensiver Reizung zerfällt der ganze Körper zu einer körnigen Masse.

Der Beispiele liessen sich unzählige anführen. Aus allen den zahlreichen Versuchen, die ich über die Wirkung erregender Reize auf nackte Protoplasmamassen angestellt und a. a. O. veröffentlicht habe, ergab sich immer wieder das eine gemeinsame Resultat:

[1]) VERWORN: „Psycho-physiologische Protistenstudien. Experimentelle Untersuchungen". Jena 1889. pag. 80 Taf. 2 Fig. 8 u. 9.

[2]) VERWORN: „Die physiologische Bedeutung des Zellkerns". In Pflügers Arch. Bd. LI. 1891. pag. 26.

Das erregte Protoplasma strömt ausnahmslos in der
Richtung nach der centralen Körpermasse und zeichnet sich im Ganzen ebenso wie in seinen Theilen
durch Neigung zur Kugelbildung aus.

3. Degenerationserscheinungen kernloser Protoplasma-massen.

Noch erübrigt es, auf eine dritte Gruppe von Erscheinungen
einzugehen, auf die ich bei experimentellen Untersuchungen über
die physiologische Bedeutung des Zellkernes aufmerksam geworden
bin. Es sind dies die Degenerationserscheinungen, welche Protoplasmamassen zeigen, die ihres Zellkerns auf operativem Wege
beraubt sind. An nicht zu kleinen Rhizopoden lassen sich
die dazu nöthigen Operationen bei einiger Uebung ziemlich leicht
ausführen.

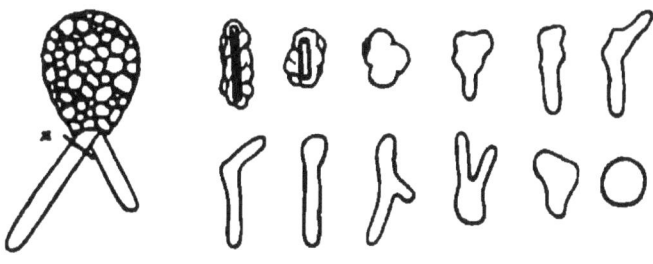

Fig. 8.

Difflugia lobostoma. Formenveränderungen eines abgeschnittenen Pseudopodiums.
Bei x Schnittstelle. 12 verschiedene Formen des abgeschnittenen Pseudopodiums.
Links oben unmittelbar nach dem Abschneiden, rechts unten Form beim Absterben.

Operiren wir zunächst eine Rhizopodenform mit dickeren
Pseudopodien, wie Difflugia lobostoma, indem wir mittels
einer sehr feinen und scharfen Lanzette eins der fingerförmigen
Pseudopodien, die nur aus kernlosem Protoplasma bestehen, unter dem
Mikroskop abschneiden (Fig. 8). Was ist die Folge? Sofort nach der
Durchschneidung tritt infolge des energischen Reizes an dem abgeschnittenen kernlosen Pseudopodium die charakteristische Scheidung
des Protoplasmas in zwei verschiedene Substanzen ein, indem durch
die Zusammenziehung der einen stärker lichtbrechenden Substanz
nach der Axe hin die andere Substanz als Aussenmasse ausgepresst
wird. Dabei zieht sich das abgeschnittene Pseudopodium mehr

und mehr zu einem Klumpen zusammen, in dem sich alsbald wieder
die vollkommene Vermischung der beiden Substanzen vollzieht, so
dass es wieder als ein durchaus homogener Protoplasmatropfen
erscheint. Dieser Protoplasmaklumpen, der genau das Aussehen des
gewöhnlichen Pseudopodienprotoplasmas hat, beginnt nun von neuem
wieder ganz normale Pseudopodien zu bilden in durchaus derselben
Weise wie es der unverletzte Körper thut. Häufig bildet der ganze
Klumpen ein einziges fingerförmiges Pseudopodium, dann treibt er
wieder zwei oder drei Pseudopodien, zieht sie wieder ein, kurz
verhält sich einige Stunden lang genau so, als ob er noch in Verbindung mit dem Körper wäre. Dann aber beginnt sich allmählich
ein abweichendes Verhalten bemerkbar zu machen. Die Ausstreckung der Pseudopodien erfolgt immer langsamer, die Bildung
langer fingerförmiger Ausläufer wird immer seltener, bald werden
nur noch flache halbkugelförmige Vorwölbungen ausgetrieben und
schliesslich zeigt das Protoplasmaklümpchen keine Formveränderung
seiner vollkommen kugelrunden Gestalt mehr, bis es nach langer
Zeit, oft erst nach Tagen zu einem Körnerhaufen zerfällt. Dieses
Schicksal ereilt ausnahmslos alle kernlosen Protoplasmamassen und
fast immer sterben sie in vollkommener Kugelgestalt ab. Grössere
Massen leben und bewegen sich stets länger als kleinere.

Interessant ist ferner, dass schon bald nach der Operation und je
später um so mehr die Erregbarkeit des kernlosen Protoplasmaklümp-
chens abnimmt. Während der unverletzte Protoplasmakörper schon
auf geringe Erschütterungs- oder Berührungsreize energisch reagirt,
muss man an den kernlosen Massen nach der Abschneidung schon
sehr heftige Reize anwenden, um überhaupt eine Reaction zu bekommen. Später kann man auch durch die intensivsten Reize, wie
Durchschneidung, kaum noch die charakteristische Scheidung des
Protoplasmas in zwei Substanzen erzielen. Wendet man sehr starke
galvanische Inductionsströme an, so kann man Massen, die noch
normale Pseudopodien bilden, zwar noch zur Annahme vollkommener
Kugelgestalt veranlassen, aber dann hört auch in der Regel jede
weitere Bewegung auf, während ungereizte Stücke noch längere Zeit
weiter kriechen. Ueberhaupt bemerkt man, dass heftig gereizte Massen
stets schneller ihre Bewegungen einstellen wie wenig gereizte.

Als typische Degenerationserscheinungen der kernlosen Protoplasmamassen sind also zu betrachten die Einziehung der Pseudopodien, Abnahme der Erregbarkeit und Absterben in Kugelform. Das wegen Kernlosigkeit degenerirende D i f f l u g i e n -

protoplasma zeigt aber Erscheinungen wie erregtes Protoplasma und stirbt in einem Zustande, der dem Erregungszustande entspricht, schliesslich ab. Die übrige kernhaltige Masse des D i f f l u g i e n körpers lebt dagegen auch nach der Operation ungestört weiter.

Orbitolites liefert wieder ein ausgezeichnetes Object für die Untersuchung kernloser Protoplasmamassen. Dieses Polythalam hat so lange und reich entfaltete Pseudopodienstränge, dass man es leicht mit blossem Auge operiren kann. Da die zahlreich in dem Kammerprotoplasma der Schale liegenden Zellkerne nicht auf die Pseudopodien übergehen können, so braucht man nur mit einer etwas fettigen Lanzette eine reichentfaltete Pseudopodienmasse abzuschneiden, vorsichtig von der Unterlage zu lösen und alsdann

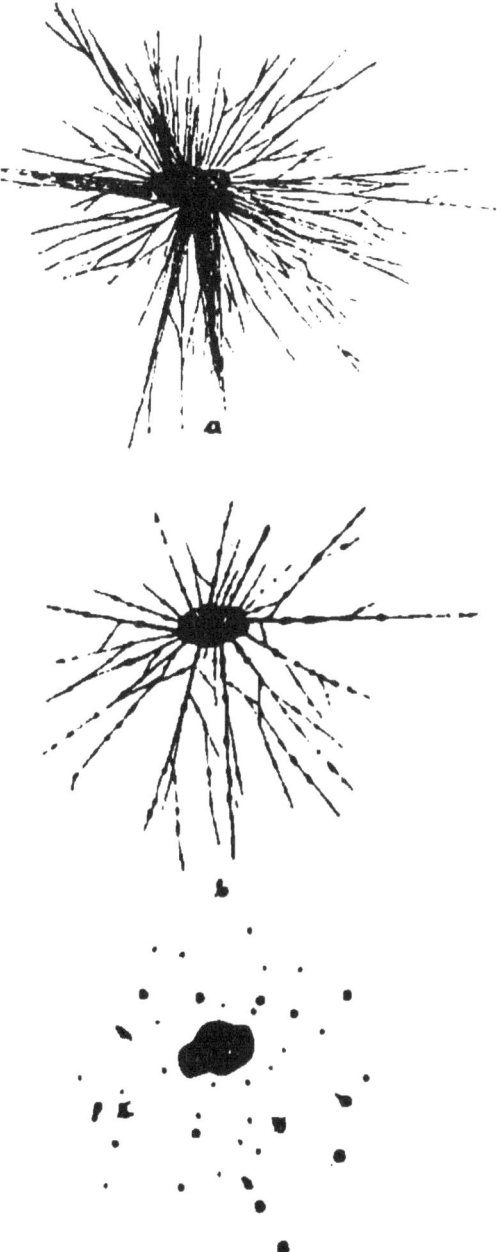

Fig. 9. Orbitolites. Eine kernlose, abgeschnittene Protoplasmamasse. *a* Neue normale Pseudopodienbildung. *b* Einschmelzung der Pseudopodien mit Kugelbildung (Erregungserscheinungen). *c* Endstadium.

das Klümpchen, zu dem sie sich infolge der Operation zusammenzieht, vom Messer abzustreifen, so hat man ein Tröpfchen lebendiger Substanz ohne Zellkern, das nun im Seewasser unter dem
Mikroskop sogleich sein Leben zum Ausdruck bringt. Oft schon
nach wenigen Secunden nämlich beginnt das Klümpchen reiche
Pseudopodien zu bilden (Fig. 9 a), die sich lang ausstrecken, verzweigen und an die Unterlage anheften, genau wie die Pseudopodien
eines unverletzten Orbitolites (vgl. Fig. 1 g). Indessen auch hier
dauert die normale Pseudopodienbildung nur eine gewisse Zeit, die je
nach der Grösse und Behandlung der abgeschnittenen Masse zwischen
$^1/_2$ und 3 Stunden schwankt. Dann machen sich die ersten Degenerationserscheinungen geltend. Auf den Pseudopodien gewinnt mehr
und mehr die centripetale Protoplasmaströmung die Oberhand.

Infolgedessen verkürzen sich die Pseudopodien mehr und mehr,
feine Brücken zerreissen und werden eingezogen, das Protoplasma
sammelt sich mehr auf den grossen Pseudopodienstämmen an, wo
es centripetal dem Körper zufliesst. Bald bemerkt man, dass
sich das Protoplasma von den Spitzen der Pseudopodien her be-
ginnend, zu kleinen Kügelchen, Tröpfchen und Spindelchen zusammenzieht, eine Erscheinung, die immer deutlicher zum Ausdruck
kommt und sich allmählich auf dem ganzen Pseudopodiennetz geltend macht, so dass manche Pseudopodien wie Perlenketten erscheinen (Fig. 9 b). Die kleinen Kügelchen haben die Tendenz mit den
grösseren zu verschmelzen und gleiten langsam auf den dünnen Verbindungsfäden entlang, bis sie sich mit ihnen vereinigt haben, die
grösseren verschmelzen wieder mit den nächst grösseren, und das
Ziel, nach dem direct oder indirect schliesslich alle Kügelchen und
Tröpfchen strömen, ist der centrale Protoplasmaklumpen. Aber
nicht alle Tröpfchen erreichen mehr ihr Ziel. Zwischen manchen
zerreissen die feinen Verbindungsfäden und Brücken des Pseudopodiums, so dass sie von der centralen Masse abgeschnitten sind
und nur noch durch einzelne Fäden mit einigen anderen Kügelchen
im Zusammenhang stehen, mit denen sie dann zu einem einzigen
grösseren, isolirt liegen bleibenden Tropfen verschmelzen. Das Protoplasma der dünnen Verbindungsfäden der Kügelchen zieht sich
ebenfalls nach und nach in die Masse der Kügelchen hinein. So
werden die Kügelchen grösser, während ihre Zahl abnimmt. Was
wegen Zerreissung der Verbindungsfäden nicht mehr in die centrale
Protoplasmamasse hineinfliessen kann, bleibt liegen. So bietet
schliesslich das ganze den Anblick eines dickeren Protoplasma-

klumpens, um den zerstreut ein Hof von kleineren und grösseren Protoplasmakugelu und Tropfen herum liegt (Fig. 9c). Die Pseudopodieu sind zuletzt alle eingezogen und neue werden nie wieder gebildet. Zwar zeigt der centrale Klumpen ebenso wie die kleinen Tropfen und Kugeln noch längere Zeit äussert langsame und schwache Formveränderungen, die nur bei lang andauernder Beobachtung zu bemerken sind, aber auch diese erlöschen schliesslich und die einzelnen Tropfen nehmen dauernd Kugelgestalt an, die sie nicht mehr verändern. Sie bilden dunkle undurchsichtige Kugeln mit scharfem Contour. Nach langer Zeit, oft erst einige Tage nach der Operation werden dann diese Kugeln etwas heller und zerfallen endlich zu einem lose zusammenhängenden Körnerhaufen, ebenso wie der Hauptklumpen iu der Mitte. Die degeuerirenden, kernlosen Pseudopodienmassen von Orbitolites zeigen also auch im ganzen Verlauf der Degeneration die typischen und höchst charakteristischen Erscheinungen des erregten Pseudopodienprotoplasmas und sterben schliesslich in der Form des Erregungszustandes ab.

Dieselbe Thatsache bestätigen ferner die Experimente an kernlosen Massen von Radiolarien. Thalassicolla nucleata stellt eine 3—4 mm grosse Kugel vor, die aus mehreren concentrischen Schichten zusammengesetzt ist. Im Mittelpunkt liegt von schwarzem Pigment eingehüllt die runde Centralkapsel mit dem Zellkern, um dieselbe eine dichtere Anhäufung von Protoplasma, das nach der Peripherie zu von immer grösseren Vacuolen durchsetzt ist und durch eine Gallerthülle nach aussen gerade, feine Pseudopodien radiär ins Meerwasser entsendet. Man kann im Uhrschälchen der Thalassicolla mit blossem Auge die Centralkapsel sammt dem Zellkern leicht exstirpiren, ohne der Kugel eine grössere Verletzung als einen feinen Stichkanal zuzufügen. Die so operirten, kernlosen Thalassicollen verhalten sich in den ersten Stunden nach der Operation vollkommen normal, die kleine Wunde schliesst sich und die Kugel schwebt wie ein unverletztes Individuum mit reichem Pseudopodienkranz an der Oberfläche des Wassers. Allmählich aber fangen die Pseudopodien an sich einzuziehen, indem das Protoplasma in centripetaler Richtung in den Körper hineinfliesst. Bald platzt hier und dort an der Peripherie eine Vacuole. Das Protoplasma der Vacuolen zieht sich nämlich immer mehr nach den dichteren Massen in der Mitte hin, so dass die Vacuolen ihrer dünnen Protoplasmawände beraubt wie Seifenblasen zerplatzen. Dieser Einschmelzungsprocess der Vacuolen rückt von der Peripherie nach dem Centrum hin immer weiter vor, je mehr sich das Protoplasma nach dem Centrum zurückzieht. Hier ist schliesslich eine dichte Ansammlung von Protoplasma, das nach längerer Zeit, wenn fast alle Vacuolen zerplatzt sind, zu Boden sinkt und schliesslich zu einem durch Schleimmassen lose zusammenhängenden Körnerhaufen zerfällt. Genau dieselben Erscheinungen spielen sich am unverletzten Radiolarienkörper ab, wenn er dauernd in Erregung versetzt wird.

Bei der grossen Zahl von Rhizopodenformen, an denen ich operirt habe, konnte ich immer wieder die eine Thatsache feststellen, dass jede kernlose Protoplasmamasse nach einem Stadium normalen Verhaltens zu degeneriren beginnt und schliesslich unrettbar dem Tode verfällt. Dabei ist von grösster Bedeutung der stets in die Augen fallende Umstand, dass die bei der Degeneration ablaufenden Erscheinungen bis in jede Einzelheit identisch sind mit den charakteristischen Erscheinungen, welche am unverletzten Individuum bei andauernder Erregung beobachtet werden.

IV. Der Mechanismus der Protoplasmabewegung.

In drei wichtigen Thatsachengruppen können wir die Erscheinungen zusammenfassen, welche bei der Bewegung des Rhizopodenkörpers im ungestörten Zustande sowohl als unter bestimmen Bedingungen vorkommen.

1. Die einfachste Bewegungsform der lebendigen Substanz, wie wir sie in dem nackten Protoplasma der Rhizopoden finden, besteht einerseits in einem Hineinfliessen in das Medium in Gestalt von bestimmt geformten Ausläufern, andrerseits im Zurückfliessen der Substanz dieser Ausläufer in den Körper hinein. Die Bewegung der einfachsten Form lebendiger Substanz setzt sich also zusammen aus zwei Phasen, einer Ausbreitungs- oder Expansionsphase und einer Zusammenziehungs- oder Contractionsphase. Beide Phasen sind activ und nur der Wechsel zwischen ihnen bedingt die Gesammterscheinung der Bewegung.

2. Erregende Reize bewirken das Eintreten der Contractionsphase, indem die lebendige Substanz ausnahmslos von der Peripherie
dem Centrum zuströmt. Die dem Erregungszustande entsprechende
Form der einfachsten lebendigen Substanz ist daher eine mehr oder
weniger deutlich ausgeprägte Kugel- oder Klumpenform.

3. Mit den Erregungserscheinungen bis in jede Einzelheit
identisch sind die Degenerationserscheinungen, welche bei kernbe-
raubten Protoplasmamassen unfehlbar eintreten.

Wenn wir die Aufgabe der Physiologie in dem Versuch erblicken,
die Lebenserscheinungen auf Vorgänge zurückführen, die auch in der
anorganischen Natur vorkommen, deren Erklärung Ziel der physikalischen und chemischen Forschung ist, so erwächst jetzt, nachdem
wir die Erscheinungen der Bewegung einfachster Organismen
kennen gelernt haben, die Forderung zu untersuchen, ob sich dieselben auf Vorgänge zurückführen lassen, welche Physik und
Chemie auch an unbelebten Objecten gefunden hat.

1. Die Ursache der Expansionserscheinungen.

Wir haben eine Amoebe isolirt und in ganz reines Wasser
gesetzt. Sie hat sich kuglig zusammengezogen, streckt aber alsbald nach verschiedenen Richtungen Pseudopodien aus und kriecht.
Wir haben ferner einen Orbitolites rein abgewaschen — seine
Pseudopodien sind ringsherum eingezogen — und legen ihn nun in
klares, reines Meerwasser. Nach einiger Zeit beginnt er ringsherum
Pseudopodien zu bilden und ist bald an seiner ganzen Peripherie
von einem Pseudopodiennetz umgeben. Wir haben schliesslich von
einem Myxomycetenplasmodium, jenen grossen schleimigen, auf
faulen Blättern etc. umherkriechenden Protoplasmanetzen, ein Stück
abgeschnitten. Dasselbe hat sich zu einem Klumpen zusammengezogen und wir bringen denselben auf eine reine Glasplatte, die sich
in einem feuchten Raume befindet. Nach kurzer Zeit treibt der
Klumpen wie eine Amoebe Pseudopodien nach verschiedenen
Seiten, die sich zu langen Strängen ausziehen und verzweigen,
während vom Centrum her mehr und mehr Protoplasma in sie
nachströmt.

Hier entsteht für uns die erste Frage. Wo liegt und was ist
die Ursache, welche den Protoplasmaklumpen der Amoebe, des
Orbitolites oder des Myxomyceten zu den Ausbreitungserscheinungen der Pseudopodienbildung veranlasst?

Die Frage nach dem Sitz der bewegenden Ursache ist schon vor langer Zeit vielfach erörtert worden und zwei Meinungen haben sich geltend gemacht. Die einen, darunter ECKER, nahmen an, dass die Ausläufer durch Contraction des dahinter gelegenen Protoplasmas hervorgepresst würden, die anderen, besonders DE BARY, stellten sich vor, dass an der Stelle, wo das Pseudopodium austrete, eine Erschlaffung in der peripheren Schicht statthabe, infolge deren der Protoplasmastrom aus dem Innern nach hierher angesogen würde oder auch einfach nach dem Orte des geringsten Widerstandes ströme. Erst HOFMEISTER [1]) hat 1867 in seinem ausgezeichneten Buche über die Pflanzenzelle die Frage entschieden, ob die Ursache der Ausbreitungserscheinungen an der Peripherie oder im Innern gelegen sei, und zwar durch den Nachweis, dass bei der Pseudopodienbildung und Protoplasmaströmung der Myxomyceten „die strömende Bewegung in der Masse des Protoplasma nach rückwärts um sich greift, dass Theile des Protoplasma in die Strömung hineingezogen werden, welche den von der Bewegung bereits ergriffenen in einer der Strömungsrichtung genau entgegengesetzten Richtung angränzen"! Danach kann kein Zweifel mehr darüber bestehen, dass die Ursache der Protoplasmaausbreitung an der Peripherie, an der Grenze zwischen Protoplasma und Medium gelegen sein muss.

Die Gestalt einer tropfbar flüssigen Masse ist Ausdruck der an verschiedenen Stellen ihrer Oberfläche herrschenden Spannungsverhältnisse. Wird bei einem ruhenden Flüssigkeitstropfen die Oberflächenspannung an einer beliebigen Stelle dauernd vermindert, so erfolgt eine Ausbreitung des Tropfeninhalts an dieser Stelle.

Dieses physikalische Gesetz ist natürlich für das Protoplasma ebenso wie für jede andere tropfbare Flüssigkeit gültig. Die Ausbreitung des Protoplasmas bei der Pseudopodienbildung von Seiten einer nackten Rhizopodenzelle oder eines Plasmodiums ist also nur Ausdruck für die Thatsache, dass an der betreffenden Stelle der Peripherie die Oberflächenspannung vermindert wird. Unsere Frage heisst daher anders gefasst: was ist die Ursache, dass der vorher rundliche Protoplasmaklumpen an der Berührungsfläche mit dem Medium seine Oberflächenspannung vermindert? Die Veränderungen, welche diese Oberflächenspannungsverminderung be-

---

[1]) HOFMEISTER: „Die Lehre von der Pflanzenzelle". Leipzig 1867.

wirken, können nur die peripherische Schicht des Protoplasmas betreffen, denn das Medium geht ja von selbst keine Veränderungen ein. Es handelt sich also nur um die Ursache, welche die Veränderungen an der Berührungsfläche von Protoplasma und Medium herbeiführt. Um nun von vornherein gleich die chemische Einwirkung von etwa vorhandenen Nahrungsstoffen auszuschliessen, haben wir die Amoebe oder den Orbitolites in reines Wasser und um auch noch den Einwand eines möglichen Einflusses von Salzen im Wasser zu beseitigen, haben wir den Myxomyceten klumpen auf eine reine Glasplatte gesetzt, wo er nur mit der Luft und dem Glase in Berührung ist. Da dennoch die Ausbreitung des Protoplasmas eintritt, so kann die Ursache für die Oberflächenspannungsverminderung in diesem Falle auch nicht hier oder dort chemisch einwirkende Nahrung sein. Die Ursache muss vielmehr an der ganzen Berührungsfläche ziemlich gleichmässig vorhanden sein, denn der Orbitolites sendet nach allen Richtungen auf seiner Unterlage Pseudopodien aus und hätten wir statt des Orbitolites eine Thalassicolla genommen, so würde diese im Wasser frei schwebende Kugel sich ringsherum mit einem Kranz von geraden Pseudopodien umgeben haben. Es werden also Veränderungen im Protoplasma sein, die durch die Berührung mit den eigentlichen Bestandtheilen des Mediums selbst bedingt sind, welche dann zur Verminderung der Oberflächenspannung führen, und da wissen wir, dass alles lebende Protoplasma dem Medium Sauerstoff entzieht, um ihn chemisch zu binden. So wird daher unsere Vermuthung dahin gehen, dass der Sauerstoff des Mediums, der ja im Wasser sowohl wie in der Luft enthalten ist, die physiologische Ursache für die Ausbreitungserscheinungen des Protoplasmas abgiebt.

Die Richtigkeit dieser naheliegenden Vermuthung lässt sich nun in der That beweisen, und zwar liegt der Beweis schon in älteren, im Jahre 1864 von KÜHNE [1]) angestellten Versuchen, deren Bedeutung in dieser Richtung freilich weder von ihrem Urheber noch auch später von anderen Forschern genügend Rechnung getragen worden ist. KÜHNE setzte in einem zu diesem Zwecke construirten Apparat eine von vielen Amoeben bevölkerte Flüssigkeit einer Atmosphäre von reinem Wasserstoff aus, der bekanntlich ein an sich indifferentes Gas vorstellt, das nur durch die allmähliche Verdrängung des Sauerstoffs wirkt. So wurde durch den Versuch

---

[1]) W. KÜHNE: „Untersuchungen über das Protoplasma und die Contractilität". Leipzig 1864.

an den natürlichen Bedingungen keine weitere Aenderung als allein die Entziehung von Sauerstoff herbeigeführt. Als KÜHNE die Amoeben länger als 24 Minuten der Wasserstoffatmosphäre ausgesetzt hatte, zeigte sich, dass alle Amoeben bewegungslos geworden waren. Mit den verschiedensten Körperformen, einige klumpig, andere mit ausgestreckten Pseudopodien, kurz wie sie gerade beim Kriechen gewesen waren, lagen sie regungslos und unverändert am Boden. Wurden sie jetzt gereizt, so mussten zwar etwas stärkere galvanische Inductionsschläge angewendet werden als sonst, aber die Wirkung war dieselbe, sie contrahirten sich klumpig und bei zu starken Schlägen zerplatzten sie. Ihre Bewegungsfähigkeit war also durch die Entziehung des Sauerstoffs nicht erloschen, sondern nur die spontane Bewegung selbst. Auch letztere trat aber wieder ein, als die Amoeben 15 Minuten an der Luft gestanden hatten. Alsdann begannen sie wieder zu kriechen, „anfangs sehr langsam und träge, später so munter, als wenn ihnen zuvor nichts geschehen wäre". Wurde zu dem Versuch statt des Wasserstoffs Kohlensäure genommen, so contrahirten sich die Amoeben sämmtlich und konnten nicht mehr durch Reize zu Bewegungen veranlasst werden, denn die Kohlensäure wirkt direct als Gift. Nach längerer Zeit waren sie todt.

Diese Versuche von KÜHNE sind von grösster Bedeutung. Sie zeigen, dass die Sistirung der Bewegung bei Sauerstoffentziehung nicht auf einer Reizwirkung beruht, wie sie bei Kohlensäureeinwirkung eintritt, denn dann hätten alle Amoeben ausnahmslos Kugelform zeigen müssen, sondern dass sie lediglich auf Fortfall der Bewegungsursache zurückzuführen ist, da ja die Bewegungsfähigkeit erhalten war.

Wir finden also den Grund für die Veränderungen, welche die Oberflächenspannung der Protoplasmamasse herabsetzen und zu den Ausbreitungserscheinungen der Pseudopodienbildung führen, in der chemischen Affinität, die gewisse Protoplasmatheile zum Sauerstoff des Mediums besitzen, und es erübrigt nun, auf den Mechanismus der Pseudopodienausstreckung von diesem Gesichtspunkte aus etwas näher einzugehen.

*   *   *

Zunächst entsteht die Frage: wie wird die Oberflächenspannung durch Affinität der Protoplasmatheilchen zum Sauerstoff vermindert? Eine einfache physikalische Betrachtung beantwortet diese Frage ohne weiteres.

In einem kugelförmigen Flüssigkeitstropfen wird die Spannung unter welcher ein jedes Oberflächenelement x steht, bestimmt durch die Resultante aus denjenigen molekularen Kräften, mit welchen das Element von den benachbarten Elementen y, z, v, w angezogen wird. Diese resultirende Zugkraft wirkt in der Richtung des Radius nach dem Mittelpunkte m des Flüssigkeitstropfens s hin, wie man sich leicht

Fig. 10.

Links: Oberflächenspannung in einem kugelförmigen Flüssigkeitstropfen. $x\,m$ die Richtung des Zuges, welcher aus der Anziehung resultirt, die das Theilchen x von den benachbarten Theilchen y, z, v, w erfährt. Rechts: Verringerung des Zuges $x\,m$ durch die in entgegengesetzter Richtung erfolgende Anziehung $x\,o$, welche das Theilchen x durch ein Sauerstoffmolekül o im Medium erfährt.

durch Construction der entsprechenden Kräfteparallelogramme überzeugen kann (Fig. 10). Es liegt daher auf der Hand, dass jeder andere Zug, der in anderer Richtung als nach dem Mittelpunkte des Tropfens auf ein Oberflächenelement ausgeübt wird, die Grösse der Oberflächenspannung vermindern muss und zwar muss die Verminderung maximal sein, wenn er von aussen her in der Verlängerung der nach dem Mittelpunkt gerichteten Resultante der Molekularkräfte einwirkt.

Diesen Fall haben wir beim Protoplasmaklumpen im sauerstoffhaltigen Medium. Stellen wir uns eine kuglige Protoplasmamasse vor (Fig. 10 rechts), auf deren Oberfläche an einer Stelle ein Sauerstoffmolekül *o* einwirkt, so haben wir in der Affinität des Sauerstoffmoleküls zu einem Theilchen *x* der Protoplasmakugel einen Zug, der die Oberflächenspannung vermindern muss. Ist aber die Oberflächenspannung an dieser Stelle vermindert, so muss hier eine Ausbreitung des Protoplasmas stattfinden. Die Ausbreitung würde nun freilich eine ganz minimale und momentane sein, wenn es sich nur um ein Protoplasmatheilchen und um ein Sauerstoffmolekül handelte, denn es würde sich sofort eine der veränderten Oberflächenspannung entsprechende, von der Kugelgestalt kaum abweichende Gleichgewichtsform des Protoplasmas herstellen, in welcher der Klumpen nun dauernd verharren würde, wenn nicht fortdauernd neue sauerstoffgierige Protoplasmatheilchen mit neuen Sauerstoffmolekülen in Berührung kämen. Letzteres ist aber der Fall. Durch die erste Verminderung der Oberflächenspannung ist eine Bewegung der nächstangrenzenden Protoplasmatheilchen nach der Stelle der verminderten Spannung hin bedingt, so dass nun wieder neue Protoplasmatheilchen in die Wirkungssphäre von Sauerstoffmolekülen kommen, wieder Spannungsveränderungen herbeiführen und so eine immer weiterschreitende Ausbreitung oder Pseudopodienausstreckung durch Vorfliessen des Protoplasmas in das Medium hinein bewirken. So würde, selbst wenn wir den KÜHNEschen Versuch nicht hätten, der uns den experimentellen Nachweis liefert, dass der Sauerstoff des Mediums die Ursache für die Ausbreitungserscheinungen des Protoplasmas ist, dennoch die allgemein bekannte Affinität des Protoplasmas zum Sauerstoff des Mediums bei der tropfbar-flüssigen Natur der Protoplasmamassen eine Ausbreitung derselben im Medium als unbedingt nothwendig erscheinen lassen.

Die an die Oberfläche vorgeströmten, also mit Sauerstoff gesättigten Protoplasmamassen bleiben liegen und werden von den frisch aus dem Innern nachströmenden, noch sauerstoffgierigen Massen bei Seite gedrängt. Man kann sich davon, z. B. bei Orbitolites, leicht überzeugen, denn das bei der Pseudopodienausstreckung an die Oberfläche geflossene, also genug mit Sauerstoff in Berührung gekommene Protoplasma macht dem nachströmenden Platz, bleibt liegen und fliesst nicht weiter vor. An der Oberfläche liegen also die am meisten oxydirten Protoplasmatheilchen und die Summe des gebundenen und freien Sauerstoffs wird in jeder Protoplasmamasse, die sich in einem sauerstoffhaltigen Medium befindet, von der Peripherie nach dem Innern zu abnehmen.

* * *

Es ist am Platze, hier mit einigen Worten auf eine Erscheinung hinzuweisen, die im gesammten organischen Leben eine grosse Verbreitung und hohe physiologische Bedeutung hat und als „Chemotropismus" bezeichnet worden ist. Sie besteht darin, dass ein einseitig einwirkender, mit der Entfernung an Intensität zunehmender chemischer Reiz auf freibewegliche Organismen eine richtende Wirkung ausübt, indem er eine Axeneinstellung des Körpers herbeiführt, die bei der Bewegung des Organismus entweder eine Annäherung an die Reizquelle veranlasst, ein Fall, der als „positiver Chemotropismus" bezeichnet worden ist, oder eine Entfernung von der Reizquelle, ein Verhalten, das dem entsprechend „negativer Chemotropismus" genannt wird. ENGELMANN [1]) lenkte zuerst die Aufmerksamkeit auf diese Erscheinung. Er fand, dass Bacterien sich um Sauerstoffquellen, wie sie unter dem Deckglas in Luftblasen, chlorophyllhaltigen Pflanzentheilen etc. gegeben sind, in dichten Schaaren ansammeln, worauf er die geniale „Bacterienmethode" zum Nachweis kleinster Sauerstoffmengen begründete. Später hat PFEFFER [2]) auch andere Stoffe für Spermatozoën von Pflanzen und dann eine ganze Reihe von chemischen Körpern für Bacterien und flagellate Infusorien [3]) als chemotropisch wirksam kennen gelehrt und zugleich die Gesetze des Chemotropismus eingehend studirt. Bei allen den untersuchten Organismen, Bacterien, Spermatozoën, Flagellaten ist der Körper formbeständig und besitzt bestimmt differenzirte Bewegungsorganoïde, durch deren reflectorische Erregung die den Chemotropismus charakterisirende Axeneinstellung herbeigeführt wird. Diese Art der Axeneinstellung durch Erregung eines complicirteren Reflexmechanismus ist also schon eine höher differenzirte, und wenn wir nach der einfachsten Form des Chemotropismus suchen, werden wir uns zu den Rhizopoden wenden müssen, wo noch keine formbeständigen Bewegungsorganoïde differenzirt sind, sondern wo eine bestimmte Bewegungsrichtung allein durch das Vorfliessen des Protoplasmas nach der betreffenden Seite zu Stande kommt.

In der That ist von STAHL [4]) bereits im Jahre 1884 Chemotropismus

---

[1]) ENGELMANN: „Neue Methode zur Untersuchung der Sauerstoffausscheidung pflanzlicher und thierischer Organismen". In Pflügers Arch. Bd. XXV.

[2]) PFEFFER: „Locomotorische Richtungsbewegungen durch chemische Reize". In Untersuchungen a. d. Bot. Inst. zu Tübingen, Bd. I Heft 3. 1884.

[3]) PFEFFER: „Ueber chemotactische Bewegungen von Bacterien, Flagellaten und Volvocineen". In Untersuch. a. d. Bot. Inst. zu Tübingen, Bd. IV. 1888.

[4]) E. STAHL: „Zur Biologie der Myxomyceten". In Bot. Zeitung 1884.

bei Rhizopoden, und zwar bei Myxomyceten nachgewiesen worden.
STAHL hängte Fliesspapierstreifen, auf denen sich ein Plasmodium von
A c t h a l i u m s e p t i c u m, jenem schönen, oft Dezimeter grossen,
goldgelben Protoplasmanetz, das in der Lohe lebt, ausgebreitet hatte,
mit einem Ende in ein Gefäss mit Wasser, an dessen Boden sich Kalicarbonat befand, oder er legte ein Stückchen Kalicarbonat oder Lohe
in Substanz an eine Stelle des ausgebreiteten Netzwerkes auf das
Fliesspapier. Der Erfolg war immer, dass das Protoplasma des
Netzwerkes in die Nähe des betreffenden Stoffes hinströmte und
sich hier ansammelte. Kochsalz oder Salpeter hatte den entgegengesetzten Erfolg, d. h. das Protoplasma zog sich stets aus ihrer
Nähe zurück. Besonders wichtig aber für uns ist d e r p o s i t i v e
C h e m o t r o p i s m u s n a c h S a u e r s t o f f. Wenn STAHL einen
Streifen Fliesspapier, auf dem sich ein Plasmodium befand, mit
dem einen Ende in sauerstofffrei gemachtes Wasser hängte, das
durch eine Oelschicht von der Luft abgeschlossen war, so zog sich
das Plasmodium aus dem sauerstofffreien Wasser zurück und
strömte nach dem anderen Ende des Streifens hin, wo es mit dem
Sauerstoff der Luft in Berührung war. Durch geeignete Controll-
versuche wurde jede andere Einwirkung als die des Sauerstoffes
ausgeschlossen.

In dieser chemotropischen Wirksamkeit des Sauerstoffes auf
das Myxomycetenprotoplasma haben wir ein sehr charakteristisches
Beispiel für die oben geschilderten Verhältnisse des Mechanismus
der Pseudopodienausstreckung: das Protoplasma breitet sich aus,
bildet Pseudopodien und fliesst vor nach der Richtung, wo der
Sauerstoff auf seine Oberfläche einwirkt. Der Chemotropismus
nackter Protoplasmamassen ist, wie bemerkt, die einfachste und
primitivste Form des Chemotropismus überhaupt, und so sehen wir
nach der oben gegebenen Auseinandersetzung über die Ursache der
Ausbreitungserscheinungen, d a s s d i e b i s h e r s o r ä t h s e l h a f t e
E r s c h e i n u n g d e s C h e m o t r o p i s m u s a u f i h r e r n i e d r i g -
s t e n S t u f e n i c h t s w e i t e r i s t a l s d e r u n m i t t e l b a r e
A u s d r u c k c h e m i s c h e r A f f i n i t ä t. D i e A n z i e h u n g
e i n e s M o l e k ü l s d u r c h e i n a n d e r e s c h e m i s c h v e r -
w a n d t e s M o l e k ü l i s t d e r E l e m e n t a r - V o r g a n g d e s
C h e m o t r o p i s m u s. Jede Ausstreckung von Pseudopodien in
das Medium hinein ist also auch ein einfacher Chemotropismus und
beruht auf demselben Princip wie jede Bewegung zweier Flüssigkeiten, die wegen physikalischer oder chemischer Affinität ihrer

Moleküle mit einander diffundiren, nur kann sich das Protoplasma wegen der Cohäsion seiner Bestandtheile nicht wie bei Diffusionen vollständig mit dem Medium mischen. Wo, wie bei Bacterien, Spermatozoën, flagellaten und ciliaten Infusorien, sowie bei höheren Organismen die Körperformen beständig geworden und besondere Locomotionsorgane vorhanden sind, ist diese ursprüngliche Identität des Chemotropismus mit chemischer Affinität, die bei dem formlosen Protoplasma der Rhizopoden ohne weiteres hervortritt, nicht mehr erkennbar. In diesen Fällen ist es, wie gesagt, ein complicirterer Mechanismus, durch den erst die Wirkung der betreffenden chemischen Stoffe auf die Thätigkeit der Bewegungsorgane übertragen wird.

* * *

Kehren wir von dieser kleinen Excursion wieder zur weiteren Verfolgung des Mechanismus der Ausbreitungserscheinungen zurück, so drängt sich uns die Frage auf: warum verursacht ein so gleichmässig im Medium vertheilter Körper wie der Sauerstoff, der ringsherum auf die ganze Oberfläche des Protoplasmaklumpens einwirkt, nicht eine ringsherum gleichmässige, also flächenhafte Ausbreitung des ganzen Körpers, sondern eine Ausbreitung in Pseudopodienform?

Hier muss zunächst darauf hingewiesen werden, dass in Wirklichkeit auch flächenhafte Ausbreitung des ganzen Körpers bei Rhizopoden vorkommt. Ist z. B. Amoeba guttula zu einer Kugel zusammengezogen und fängt sie dann nach einiger Zeit an zu kriechen, so breitet sich in der That die Kugel ringsherum flächenhaft aus, ohne eigentliche Pseudopodien zu bilden (Fig. 1a). Von dieser Art der Ausbreitung führen, wie oben (pag. 18) bemerkt, lückenlose Uebergänge (Fig. 1) bis zur Ausbreitung des Protoplasmas in fadenförmigen langen Pseudopodien. Berücksichtigen wir aber hierbei, dass das Protoplasma ja nicht eine homogene Flüssigkeit, nicht ein chemisches Individuum, sondern eine Emulsion vorstellt, in welcher die heterogensten Elemente neben einander liegen, so leuchtet es ein, dass auch an der Oberfläche nicht lauter sauerstoffgierige Protoplasmaelemente in ununterbrochenem Zusammenhange neben einander liegen werden. sondern dass zwischen ihnen auch andere Elemente eingeschoben sind, die keine Affinität zum Sauerstoff haben und nicht unmittelbar an der Bewegung betheiligt sind, so dass also an diesen Punkten die Ursache zur Ausbreitung fehlt. Es ist demnach klar, dass die Art der Ausbreitung je nach der verschiedenen Zusammensetzung des Protoplasmas auch sehr variiren muss, und daher finden wir auch in Wirklichkeit, dass jede Rhizopodenform ihre besondere Art der Pseudopodienbildung besitzt, ein Umstand, der gerade die Gestalt der Pseudopodien zu einem so werthvollen Unterscheidungsmoment für die Charakterisirung verschiedener Rhizopodenformen macht.

Aber wir haben auch noch einen experimentellen Beweis dafür, dass ein vollkommen gleichmässig im Medium vertheilter Körper zu pseudopodienförmiger Ausbreitung von Flüssigkeitstropfen führen kann. Dieser Beweis liegt in den Versuchen von QUINCKE [1]) und GAD [2]) über die Ausbreitungserscheinungen von Oeltropfen in schwachalkalischen Flüssigkeiten. Bekanntlich bilden Fettsäuren mit Alkalien zusammen Seifen, die in Wasser löslich sind. Bringt man daher einen ranzigen Oeltropfen auf eine alkalische Flüssigkeit, so wird an seiner Oberfläche eine Verbindung der Oelsäure mit dem Alkali zu Seife erfolgen. Hier haben wir also denselben Fall wie beim Protoplasmaklumpen in sauerstoffhaltigem Wasser: der Tropfen ist nicht homogen, sondern zwischen den Molekülen freier Fettsäure, die chemische Affinität zu dem gleichmässig im Medium vertheilten Alkali haben, liegen Massen neutralen Oels und bei unreinen Oelen noch vieler anderer Stoffe. Probirt man nun den erforderlichen Gehalt des Oels an freier Säure sowie die Concentration der alkalischen Lösung durch systematische Versuche aus, so kann man leicht Fälle erzielen, wo die Seifenbildung nicht zu stürmisch und nicht zu schwach vor sich geht, und bekommt alsdann nach dem oben entwickelten physikalischen Princip Bewegungserscheinungen des Oeltropfens. Hierbei zeigt sich nun, dass man an den Oeltropfen bei geeigneter Variation der Bedingungen die verschiedensten Formen der Pseudopodienbildung, wie sie bei den Rhizopoden realisirt sind, nachahmen kann. Ich füge eine Anzahl von Bildern bei, die ich bei der Ausbreitung von Provencer-Oel- und Mandel-Oel auf einer schwachen Sodalösung von verschiedener Concentration beobachtet habe. Fig. 11 a—d ist Pro-

---

1) G. QUINCKE: „Ueber periodische Ausbreitung an Flüssigkeits-Oberflächen und dadurch hervorgerufene Bewegungserscheinungen". In Sitzber. d. Königl. Preuss. Akad. d. Wissensch. zu Berlin Bd. XXXIV. 1888.

2) J. GAD: „Zur Lehre von der Fettresorption". In Du Bois-Reymonds Arch. f. Physiologie. 1888.

vencer-Oel, das bei *a* die Form von Amoeba guttula, bei *b*
und *c* die Form von Amoeba proteus, bei *d* die Form eines
Myxomyceten plasmodiums zeigt, Fig. 11*e* und *f* ist Mandel-
Oel, das heliozoën- und radiolarienähnliche Pseudopodienbildung besitzt, und Fig. 11*g* ist ein aus O. LEHMANNs Molekularphysik[1])

Fig. 11.
Ausbreitung-formen von Oeltropfen.

übernommenes Bild eines Kreosottropfens auf Wasser, der ein
typisches Actinosphaerium nachahmt. Diese Erscheinungen beweisen, dass in der That auch gleichmässig im Medium vertheilte Stoffe zu Ausbreitungserscheinungen unter Pseudopodienbildung des Trop-

[1]) O. LEHMANN: „Molekularphysik". Leipzig 1888. Bd. I.

fens führen können. Ich will noch ausdrücklich hervorheben, dass diese Versuche mit dem Oeltropfen für mich sonst nichts weiter beweisen, und dass ich weit entfernt bin, die Protoplasmabewegungen auf dieselben chemischen Ursachen zurückführen zu wollen wie die Bewegung des Oeltropfens. Nur die physikalischen Momente sind bei beiden im Princip dieselben.

* * *

Hiermit dürfte der Mechanismus der Ausbreitungserscheinungen formwechselnder Protoplasmamassen genügend beleuchtet sein. Als wichtigstes Ergebniss hat sich herausgestellt, dass unter den gegebenen Verhältnissen, wo die Versuchsobjecte in reinem Wasser oder auf einer reinen Glasplatte die charakteristischen Bewegungen ausführen, die Affinität gewisser Protoplasmatheilchen zum Sauerstoff des Mediums die Ursache der Pseudopodienausstreckung und Protoplasmaströmung abgiebt.

Scheinbar im Widerspruch hierzu steht indessen eine Thatsache, die ebenfalls von KÜHNE [1]) festgestellt worden ist. In Bewegung befindliche Myxomyceten plasmodien stellen, in eine Wasserstoffatmosphäre gebracht, erst nach ca. 3 Stunden ihre Bewegungen ein. KÜHNE selbst glaubt, dass diese Erscheinung „zum grossen Theile wohl an der Schwierigkeit liegen mag, den Sauerstoff der Luft durch Wasserstoff vollkommen auszuschliessen". Es ist nicht zu bezweifeln, dass bei KÜHNES Versuch der Sauerstoff nicht mit einem Male aus dem Medium vollständig verdrängt werden konnte, aber selbst wenn nach einer geraumen Zeit aller Sauerstoff dem Medium entzogen wäre, und die Bewegungen der Plasmodien wären dennoch nicht vollständig erloschen, so stände diese Erscheinung immer noch nicht im Widerspruch mit der oben dargelegten Bedeutung des Sauerstoffes, denn wenn auch schon aller Sauerstoff aus dem Medium verdrängt ist, so enthält das Protoplasma selbst, und besonders eine so grosse Protoplasmamasse wie ein Myxomycetenplasmodium, doch noch, wie unsere Betrachtung Seite 42 zeigt, eine gewisse Menge theils gebundenen, theils freien Sauerstoffs, so dass es noch eine beträchtliche Weile dauern kann, bis vollständiges Sauerstoffgleichgewicht im ganzen Netzwerk her-

---

[1]) W. KÜHNE: „Untersuchungen über das Protoplasma und die Contractilität". Leipzig 1864.

gestellt ist, eine Periode, die natürlich immer noch durch Bewegungserscheinungen charakterisirt sein muss. Auch hat KÜHNE selbst
gefunden, dass „die Menge der Gase, welche die Myxomycete für
ihre Entwicklung braucht, ausserordentlich gering" ist. Im übrigen
liefern gerade die weiteren Versuche KÜHNES an denselben Myxomyceten, wenn sie nicht in Bewegung waren, einen neuen hübschen
Beleg für die in diesem Kapitel entwickelte Rolle des Sauerstoffs.
„Keine Myxomycete vermag sich zu entwickeln in gasfreiem Wasser."
„Man braucht nur die eingetrockneten Didymien mit einem Stück
des Substrats in ein Kölbchen zu thun, dies mit ausgekochtem
Wasser anzufüllen und unter Quecksilber umzukehren." „Jede
Bewegung und jede bäumchenartige Ausbreitung, wie man sie
sonst so schön bei der Entwicklung der Myxomyceten auftreten
sieht, bleiben tagelang aus. Um mich zu überzeugen, dass nicht
etwa zufällig die Entwickelung zurückgeblieben sei, wie das bei
dem Versuche, Didymien aus dem eingetrockneten Zustande zu
cultiviren, vorkommen kann, liess ich einige kleine Luftblasen in
das Kölbchen emporsteigen. Nach etwa 5 Stunden hatte sich jetzt
das Protoplasma über den Boden des Kölbchens netzförmig ausgebreitet, ein dickerer Faden war hinabgesunken und hatte sich in
Form eines zierlichen Bäumchens an der gekrümmten Innenfläche
des Glases festgeheftet, wo ich mit dem Mikroskop in den an der
Glasfläche haftenden Theilen die schönsten Bewegungen wahr-
nehmen konnte." Diese Versuche KÜHNES sind sehr interessant,
denn sie zeigen, dass nur dort, wo die Bewegung eines Plasmodiums
einmal im Gange ist, die Sistirung durch Sauerstoffentziehung
längere Zeit in Anspruch nimmt (aus den eben angeführten
Gründen), dass dagegen dort, wo sich die Bewegung erst entwickeln soll, die Entwicklung derselben bei Sauerstoffabwesenheit
niemals zu Stande kommt.

Mir ist auch sonst keine einzige Thatsache bekannt, die mit
der in diesem Kapitel erörterten Rolle des Sauerstoffes nicht in
vollstem Einklang stünde.

*　　*　　*

Wir haben bis jetzt der Einfachheit wegen die Ausbreitungserscheinungen der Rhizopoden nur in ganz reinem Wasser oder
auf einer reinen Glasplatte betrachtet und haben absichtlich die
Einwirkung von Nahrungsstoffen oder anderen chemischen Körpern

ausgeschlossen. Nun aber, nachdem wir den Sauerstoff als Ursache der Ausbreitungserscheinungen kennen gelernt haben, taucht die Frage auf, ob nicht auch andere Stoffe die gleiche Wirkung auf das nackte Protoplasma auszuüben im Stande sind, wie der Sauerstoff. Von vornherein erscheint es, wenn wir die Art und Weise der Sauerstoffwirkung ins Auge fassen, die auf der chemischen Affinität zu gewissen Protoplasmatheilchen beruht, nicht ausgeschlossen, dass auch andere chemische Stoffe, vor allem die Nahrungstoffe, welche chemische Affinität zu gewissen Elementen des Protoplasmas besitzen, in derselben Art und Weise wirken, d. h. die Oberflächenspannung vermindern und so zu Ausbreitungserscheinungen führen. In der That finden wir in dem Chemotropismus der Myxomyceten nach Nahrungsstoffen (z. B. Lohe bei A e t h a l i u m s e p t i c u m), der von STAHL als „Trophotropismus" bezeichnet wurde, eine Erscheinung, die beweist, dass auch Nahrungsstoffe vermöge ihrer chemischen Affinität zu Elementen des Protoplasmas Ausbreitungserscheinungen hervorrufen, die zu einem Hinfliessen nach der Quelle dieser Stoffe führen, denn das Myxomycetenplasmodium kriecht in der Richtung auf das Lohestück zu und sammelt sich hier um dasselbe an. Es kann also keinem Zweifel unterliegen, dass die Nahrungsstoffe in diesem Falle an der Stelle, wo sie die Oberfläche des Plasmodiums treffen, infolge ihrer chemischen Affinität zu gewissen Theilen desselben die Oberflächenspannung herabsetzen und so zu Ausbreitungserscheinungen und Kriechbewegungen in dieser Richtung führen. Dass die Wirkung des Sauerstoffs bei dieser Beobachtung nicht ausgeschlossen wird, kann dies Ergebniss nicht beeinträchtigen, denn wäre hier der Sauerstoff alleinige Ursache der Ausbreitung, so würde das Plasmodium nicht gerade in der Richtung auf die Nahrungsstoffe zu kriechen. Ueberhaupt lässt sich der Versuch nicht so einrichten, dass der Sauerstoff ganz ausgeschlossen wird, denn nach vollständiger Sauerstoffentziehung ist eben der normale Stoffwechsel völlig gestört und das Protoplasma in Degeneration begriffen. Aber, wie gesagt, ist dieser Versuch auch nicht nöthig.

Unter Berücksichtigung der drei Thatsachen, dass auf einer reinen Glasplatte, also bei Ausschluss von äusserlich einwirkenden Nahrungstoffen das Plasmodium in normaler Weise dauernd kriecht, dass es dagegen nach Sauerstoffentziehung seine Bewegungen einstellt und dass es schliesslich bei einseitiger Einwirkung von Nahrungsstoffen unter Anwesenheit von Sauerstoff nach der Quelle der Nahrungsstoffe hinkriecht, werden wir demnach zu dem unabweisbaren Schluss geführt: **Die dauernd wirksame physiologische Ursache der Ausbreitungs- oder Expansionserscheinungen nackter Protoplasmamassen ist die Affinität gewisser Theile zum Sauerstoff des Mediums. Daneben können unter Umständen auch andere chemische Stoffe, besonders Nahrungsstoffe, welche chemische Affinität zu Theilen des Protoplasmas haben, Ausbreitungserscheinungen veranlassen.**

2. Die Ursache der Contractionserscheinungen.

Oft schon spontan, besonders aber nach Reizung treten die Erscheinungen der Contractionsphase ein. Es ist schwer zwischen den spontan und den nach Reizung sich äussernden Erscheinungen eine scharfe Grenze zu ziehen. Es ist sehr wahrscheinlich, dass oft schon eine geringe intramolekulare Bewegung in gewissen Theilen der lebendigen Substanz zu Contractionserscheinungen führt, die dann als völlig spontan, d. h. ohne äussere Ursache entstanden gelten. Auf jeden Fall aber sind die spontan auftretenden Contractionserscheinungen und die durch Reizung hervorgerufenen identisch, das zeigen gerade die einzelligen Organismen sehr deutlich, wo keine Reizerscheinung vorkommt, die nicht auch als spontane Erscheinung zu beobachten wäre. Bei den folgenden Betrachtungen bedienen wir uns daher, um die betreffenden Erscheinungen zu studiren, des Reizes als des zuverlässigsten Mittels, um sie hervorzurufen.

Wird eine Amoebe oder ein Orbitolites, die lange und reiche Pseudopodien ausgestreckt haben, durch irgend einen wirksamen Reiz an den Pseudopodien in Erregung versetzt, so beginnt, wie wir (pag. 31) sahen, das Protoplasma der gereizten Pseudopodien ausnahmslos nach dem Centrum, nach der Körpermasse hin zu fliessen, und die Pseudopodien verkürzen sich mehr und mehr bis sie ganz eingezogen sind, so dass der Körper eine klumpige Masse von rundlichem Umriss bildet. Die ausgebreitete Masse strebt nach Kugelform, nach der Form, die bei gleicher Masse die geringste Oberfläche besitzt, das heisst mit anderen Worten die Oberflächenspannung des Protoplasmas ist durch die Reizung vergrössert worden. Wir sahen pag. 41, dass die Oberflächenspannung eines Tropfens aufzufassen ist als Ausdruck einer Kraft, die nach dem Mittelpunkt des Tropfens gerichtet ist. Eine Vergrösserung der Oberflächenspannung kann also nur eintreten, wenn die Kraft, mit welcher die Theilchen nach dem Mittelpunkte gezogen werden, vermehrt wird. Sehen wir daher zunächst einmal ab von den Factoren, welche bei der Reizung das veränderte Verhalten des Protoplasmas herbeiführen, so haben wir die Kraft zu ermitteln, welche das durch die Reizung veränderte Protoplasma nach dem Mittelpunkt zieht. Es ist klar, dass dieselbe in der Richtung des Centrums selbst zu suchen ist. In der Centralmasse des Rhizopodenkörpers liegt nun in der Regel der Zellkern, oder die Zellkerne, wenn mehrere vorhanden sind. Unser Verdacht wird daher in erster Linie auf den Kern als das Anziehungscentrum fallen.

* * *

Es ist hier nöthig, eine kurze Bemerkung über die physiologische Bedeutung des Zellkerns vorauszuschicken. Die Frage nach der Bedeutung des Zellkerns ist gerade in neuerer Zeit in den Vordergrund des histologischen Interesses getreten wegen der allgemeinen Probleme, die sich daran anknüpfen. Die Morphologen haben ein reiches Beobachtungsmaterial gesammelt über das Verhalten des Kerns bei verschiedenen Gelegenheiten, und auch experimentell ist man an die Frage nach seiner physiologischen Rolle herangetreten. Ich selbst habe in mehreren Arbeiten und besonders in den letzten Jahren das Problem auf vivisectorischem Wege ausführlich und methodisch behandelt und bin zu folgendem Resultat gekommen, wegen dessen ausführlicher Begründung ich auf die betreffende Arbeit[1] verweisen möchte: Der Zellkern ist als integrirendes Glied in den Stoffwechselkreislauf der Zelle eingeschaltet. Er empfängt gewisse Stoffe vom Protoplasma und giebt dafür andere Stoffe an dasselbe ab. Weder das Protoplasma kann ohne den Kern, noch der Kern ohne das Protoplasma dauernd existiren, beide bedingen sich gegenseitig. Nur durch seine Stoffwechselbeziehungen zum Protoplasma besitzt der Kern einen Einfluss auf die Function der Zelle, und alle Lebenserscheinungen der Zelle sind nur Ausdruck der Stoffwechselbeziehungen zwischen dem Zellkern, dem Protoplasma und dem Medium.

---

[1] VERWORN: „Die physiologische Bedeutung des Zellkerns". In Pflügers Arch. d. ges. Physiologie Bd. LI. 1891.

Wenn daher der Sitz der Kraft, welche das erregte Protoplasma
nach dem Centrum zieht, im Zellkern zu suchen ist, so muss dieselbe
von Stoffen ausgehen, welche vom Kern geliefert resp. unter seiner
Mitwirkung im Protoplasma gebildet sind, und die wir im Folgenden
der Kürze halber als „Kernstoffe" bezeichnen wollen. Diese Stoffe
sind, das ist ohne weiteres klar, am dichtesten angehäuft unmittelbar in der Umgebung des Kerns, also im Centrum, und die Dichte
ihrer Vertheilung nimmt nach der Peripherie der Zelle ab,
also umgekehrt wie die des Sauerstoffs. Ist daher unsere Vermuthung richtig, so haben wir in dem centripetalen Strömen des
gereizten Protoplasmas einen positiven Chemotropismus der betreffenden Protoplasmatheile nach gewissen Kernstoffen, d. h. gereiztes Protoplasma hat chemische Affinität zu diesen Stoffen.

Nun lässt sich auch in diesem Fall wieder der experimentelle
Beweis für die Richtigkeit unserer Vermuthung führen. Der Gedanke ist folgender. Es kommt darauf an, Protoplasma von den
Kernstoffen frei zu machen. Sind die Kernstoffe die chemotropische Ursache für das Strömen in centripetaler Richtung, so
muss das von ihnen künstlich frei gemachte Protoplasma auch,
wenn es auf centrifugal fliessende Massen gebracht wird, ausnahmslos in centripetaler Richtung fliessen. Dieser Versuch lässt sich
nun in überaus eleganter und überzeugender Form an Foraminiferen ausführen. Ich stellte ihn oft und stets mit demselben Erfolg an Orbitolites und Amphistegina, zwei wegen ihrer
Grösse besonders geeigneten Foraminiferenformen, an und berichte
hier über das Ergebniss, das ich bereits a. a. O.[1] mitgetheilt habe.
Um eine Protoplasmamasse zu erhalten, die von den Kernstoffen
frei ist, schnitt ich von einem Orbitolites eine grössere Pseudopodienmasse ab, die dann sich selbst überlassen die pag. 34 be-
schriebenen Erscheinungen zeigt. In diesen kernlosen Massen
können begreiflicher Weise die Kernstoffe nach Verbrauch der
Menge, die noch von vorher im Protoplasma vertheilt war, nicht
wieder neu gebildet werden. Sie werden also allmählich immer
ärmer an denselben werden, wofür die auftretenden Degenerationserscheinungen ein Kriterium abgeben. Nach Ablauf einer gewissen
Zeit tritt, wie wir pag. 34 sahen, das Bestreben des Protoplasmas
ein, nur noch in centripetaler Richtung zu fliessen. Die Pseudo-

---

[1] VERWORN: „Die physiologische Bedeutung des Zellkerns". In Pflügers
Arch. Bd. LI. 1891. pag. 66 ff.

podien werden nach und nach eingezogen und das Protoplasma
sammelt sich zu Klümpchen, Kügelchen und Spindelchen an, die,
wenn die Protoplasmabrücken zwischen ihnen und dem Centralkörper zerreissen, als isolirte Tropfen und Kugeln liegen bleiben.
Diese isolirten Protoplasmakugeln werden schliesslich vollkommen

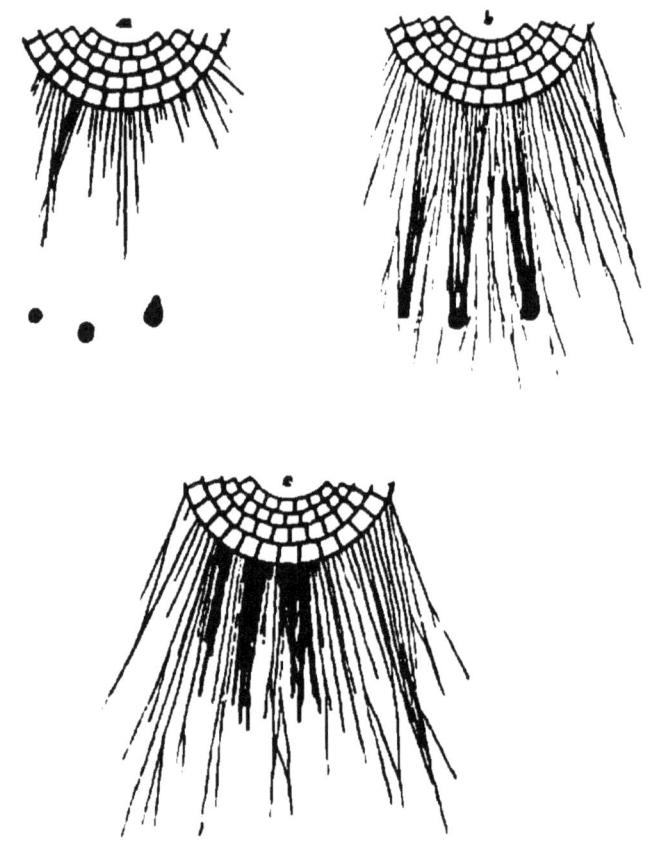

Fig. 12.

Orbitolites. Verhalten kernloser, in Degeneration begriffener Protoplasmakugeln zu
frischem, kernhaltigem Protoplasma. *a* Orbitolites mit beginnender Pseudopodien-
Ausstreckung. Drei kernlose Protoplasmakugeln liegen vor den Pseudopodien. *b* Das
Protoplasma der Kugeln beginnt bei Berührung mit den frischen Pseudopodien auf
diesen centripetal zu strömen. *c* Das kernlose Protoplasma wird schliesslich ganz in
den Körper eingezogen, während die anderen unberührten Pseudopodien sich weiter
ausstrecken.

bewegungslos, und zeigen dann selbst, wenn man sie in nahe
Berührung mit einander bringt, keine Neigung mehr, zu verschmelzen. Tagelang können sie in Berührung mit einander am

Boden eines Uhrschälchens liegen, ohne die geringste Veränderung zu zeigen. In diesem Zeitpunkt werden die Kernstoffe in den Protoplasmakugeln vollständig oder doch bis auf geringe Spuren verbraucht sein. Solche Protoplasmakugeln wurden daher zu den Versuchen genommen. In ihre Nähe wurde ein unverletzter, lebensfrischer Orbitolites gelegt, der grosse Neigung zur Pseudopodienbildung besass. „Nach kurzer Zeit begann dieser auch Pseudopodien auszustrecken (Fig. 12a), die sich immer mehr und mehr verlängerten, bis sie schliesslich die Protoplasmakugeln erreichten. Sobald die Berührung eines Pseudopodiums mit einer Kugel eingetreten war, haftete die Pseudopodienspitze an der Oberfläche der Kugel. Kurze Zeit darauf begann die Kugel an der Berührungsstelle sich hervorzubuchten und Substanz auf das Pseudopodium überfliessen zu lassen. Das von der Kugel auf das Pseudopodium übertretende Protoplasma mit seinen Körnchen strömte darauf ziemlich schnell dem Körper zu und wurde in denselben aufgenommen. Dadurch, dass nach und nach mehr Pseudopodien mit der Kugelmasse in Berührung traten und sich dieser Vorgang jedes Mal in derselben Weise abspielte, veränderte allmählich die Kugel ganz ihre Gestalt, zog sich in die Länge, flachte sich ab und liess ihr Protoplasma in dicken Strömen auf den Pseudopodien in centripetaler Richtung entlang gleiten (Fig. 12b). Dabei liessen die Pseudopodien nicht selten Kugel- und Spindelbildung erkennen, und die centripetale Strömung und Spindelbildung auf den Pseudopodien war mitunter so energisch, dass die Pseudopodien zerrissen und sich von der Kugelmasse fort in den Körper hineinzogen. Niemals wurden Pseudopodien durch die Kugelmasse hindurch weiter ausgestreckt. Kam ein Pseudopodium, das schon weiter als bis zur Kugelmasse ausgestreckt war, in seitliche Berührung mit derselben, so dass es sie nur tangential streifte, so kam die Strömungsrichtung noch deutlicher zum Ausdruck, denn das von der Kugel auf das Pseudopodium übertretende Protoplasma floss auf diesem ausnahmslos in centripetaler Richtung, also nur auf dem von der Berührungsstelle aus proximal zum Körper gelegenen Abschnitt. Niemals floss auch nur der geringste Theil von der Berührungsstelle in distaler Richtung nach der Spitze des Pseudopodiums hin. Vielmehr machte sich in allen Fällen, wo weit ausgestreckte Pseudopodien seitlich mit Kugelmasse in Berührung kamen, stets bald nach der Berührung auch auf dem distalen Ende der Pseudopodien eine

centripetale Protoplasma- und Körnchenströmung geltend, so dass
sich die Spitze des Pseudopodiums ebenfalls nach und nach einzog.
Indem immer mehr Masse von der Kugel auf die Pseudopodien
übertrat und hier in centripetaler Richtung nach dem Körper
strömte, bildeten sich lange, dicke Protoplasmastränge, die ihre
Masse allmählich dem Körper zusandten. So verwandelte sich die
ursprüngliche Protoplasmakugel in einem langen, breiten, verzweigten Strom, dessen Protoplasma und Körnchen hier langsamer,
dort schneller dem Körper zuflossen (Fig. 12c). Schliesslich war die ganze
Kugelmasse aufgenommen und die Pseudopodien hatten sich damit
ebenfalls an der betreffenden Stelle des Körpers ganz zurückge-
zogen. Bei allen Kugeln traten früher oder später je nach der
Zeit der Berührung und Grösse der Berührungsstelle mit den Pseudopodien dieselben Erscheinungen ein.

Bisweilen beobachtete ich, besonders an sehr dicken und langen
Pseudopodien, die in Berührung mit der Kugelmasse getreten und,
nachdem eben erst eine sehr geringe Menge Kugelsubstanz auf sie übergegangen, wieder zerrissen waren, dass das wenige von der Kugel
stammende Protoplasma als kleines Kügelchen centripetal auf den
Pseudopodien entlang glitt, aber nach einer gewissen Strecke, wenn
das Pseudopodium lang und dick genug war, sich langsam vertheilte und dann mit dem Strome des centrifugal fliessenden Pseudopodienprotoplasmas und von diesem nicht mehr unterscheidbar
ebenfalls wieder nach der Pseudopodienspitze zuströmte. Hier fand
also der gleiche Vorgang statt, der, wie ich oben beschrieben habe,
bei localer Reizung der Pseudopodienspitze am unverletzten Protist
auftritt. Er zeigt, dass kernlose, bewegungslos gewordene Substanz
auf den Pseudopodien Reizerscheinungen hervorruft, selbst aber
durch Berührung mit einer grösseren Masse kernhaltigen Protoplasmas ihre verloren gegangenen Fähigkeiten wieder gewinnt."

Diese Thatsachen zeigen aufs deutlichste, eine wie energische
Affinität zwischen dem wegen Kernlosigkeit degenerirenden und
dem mit Kernstoffen erfüllten Protoplasma besteht. Nun haben
wir aber gesehen, dass die wegen Kernlosigkeit eintretenden Degenerationserscheinungen bis in die feinsten Einzelheiten mit den Erregungserscheinungen identisch sind, dass sich degenerirendes Protoplasma in jeder Beziehung genau wie gereiztes Protoplasma verhält
(pag. 36). Wir werden daher den Schluss nicht abweisen können,
dass auch zwischen dem gereizten Protoplasma und den Kernstoffen
eine chemische Affinität besteht, welche die gleichen Erscheinungen

hervorruft. Damit haben wir aber die Kraft gefunden, die in der Richtung der Oberflächenspannung, d. h. nach dem Centrum hin wirkt, deren Grösse sich zur Grösse der Oberflächenspannuug addirt: Es ist die chemische Affinität des gereizten Protoplasmas zu den Kernstoffen. Sie bewirkt die centripetale Strömung des gereizten Protoplasmas, die Einziehung der Pseudopodien, die Neigung des Körpers zur Annahme der Kugelform. **Das Strömen des gereizten Protoplasmas in centripetaler Richtung ist also ebenfalls eine chemotropische Erscheinung, und zwar ein Chemotropismus nach gewissen, unter Mitwirkung des Kerns gebildeten Stoffen, die in der Umgebung des Kerns, also im Centrum des Körpers, am dichtesten angehäuft sind.**

*   *   *

Wir hätten somit den Grund für die centripetale Strömung des gereizten Protoplasmas gefunden, aber uns fehlt in dem Gesammtbilde des Mechanismus der Protoplasmabewegung noch ein Moment. Wir haben nämlich noch die vorhin offen gelassene Frage zu beantworten, wie durch die Reizung die anfangs nach Sauerstoff chemotropischen Protoplasmatheilchen zum Chemotropismus nach den Kernstoffen veranlasst werden können. Die Ausbreitung des ungestörten Protoplasmas, die Pseudopodienbildung, beruht, wie wir sahen, auf seinem Chemotropismus nach Sauerstoff; das mit Sauerstoff gesättigte Protoplasma bleibt indifferent liegen; nach der Reizung wird alles Protoplasma chemotropisch nach den Kernstoffen, d. h. es contrahirt sich. Was geht also mit dem Protoplasma bei der Reizung vor, dass sich seine chemischen Eigenschaften in dieser Weise verändern, warum wird es infolge der Reizung chemotropisch nach den Kernstoffen?

Ueber diese Frage geben unsere augenblicklichen physiologischen Kenntnisse genügende Aufklärung. Wir wissen, dass in jeder Zelle, in jeder Form der lebendigen Substanz durch Reizung Umsetzungen gewisser Stoffe herbeigeführt werden. Es erfolgen schon ohne Reizung fortwährend spontan,[1]) besonders aber nach Reizung im ausgiebigsten Maasse kleine Explosionen gewisser

---

[1]) Vgl. hierzu die Ausführungen PFLÜGERs in seiner geistvollen Arbeit: „Ueber die physiologische Verbrennung in den lebendigen Organismen". In Pflügers Arch. Bd. X. 1875.

Moleküle in derselben Weise, wie z. B. auf Anstoss die Explosion eines Jodstickstoffmoleküls, erfolgt. Das gilt von der Substanz der Drüsenzelle ebenso wie von der Substanz der contractilen Zelle. In jedem Muskel findet bei der Thätigkeit ein Zerfall von Kohlehydraten und Eiweisskörpern statt, und ein Theil der dabei auftretenden Spaltungsproducte, wie Kohlensäure, Milchsäure, Kreatin und andere werden nach aussen abgegeben. Das gereizte Protoplasma ändert auf diese Weise seine chemische Constitution und zwar wird es, wie aus der Constitution der genannten Spaltungsproducte hervorgeht, ärmer an Kohlenstoff, Wasserstoff, Sauerstoff und Stickstoff, also gerade an denjenigen Stoffen, die beim Aufbau der lebendigen Substanz die grösste Bedeutung haben. Die chemische Constitution der Protoplasmatheilchen ändert sich also infolge der Reizung in tief eingreifender Weise, und da wir im Chemotropismus einen Ausdruck chemischer Affinität gefunden haben, so ist es einleuchtend, dass sich mit der chemischen Constitution auch die chemotropischen Eigenschaften des Protoplasmas ändern müssen. Aber noch mehr. Auch der Grund, weshalb gerade Chemotropismus nach den Kernstoffen auftritt, ist nicht schwer zu finden. Vor allem nämlich wird eine Affinität zu den Stoffen vorhanden sein, welche zur Restitution der Protoplasmatheilchen nöthig sind. Nun wurde oben bereits darauf aufmerksam gemacht, dass der Zellkern ein integrirendes Glied im Stoffwechselkreislauf der Zelle vorstellt, dass er Stoffe liefert, die unbedingt zur Erhaltung des Lebens nothwendig sind. Wenn daher die gereizten Protoplasmatheilchen die durch Abgabe der Spaltungsproducte frei gewordenen Affinitäten zu sättigen streben, so werden demnach die Kernstoffe eine wichtige Rolle bei der Restitution spielen. Diejenigen Affinitäten, welche durch Stoffe gesättigt werden, die das Protoplasma selbst bildet und überall enthält, können dabei zu keiner bestimmt gerichteten Bewegung führen, das ist ohne weiteres klar. Wohl aber muss eine solche eintreten, wenn die Affinitäten zu den Kernstoffen befriedigt werden sollen. So erscheint es nothwendig, dass das gereizte Protoplasma positiv chemotropisch nach den Kernstoffen wird.

Mit dem Verständniss dieser Thatsache aber haben wir alle Momente zusammen, welche zu einem vollständigen Bilde des Mechanismus der Protoplasmabewegung erforderlich sind.

3. Ueberblick.

In der lebendigen Substanz jeder Zelle sind zwei Hauptbestandtheile zu unterscheiden, die räumlich von einander gesondert sind, der Zellkern und das Zellprotoplasma. Beide stellen eine Summe von chemischen Stoffen vor, die in verschiedener Weise chemisch oder physikalisch unter einander zusammenhängen und die aus ihrem Zusammenhang herausgenommen als Moleküle von Eiweiss, von Kohlehydraten, von Fetten, von Salzen, von Gasen etc. erscheinen. Je vielseitiger die morphologischen Differenzirungen einer Zelle sind, um so verschiedenartiger ist auch die Beschaffenheit und der Zusammenhang der Moleküle, welche die „molekulare Structur" ausmachen. Innerhalb der einzelnen Constituenten der lebendigen Substanz gehen fortwährend Umsetzungen vor. Einzelne Moleküle werden gespalten, andere neu gebildet u. s. f., wobei das charakteristische Moment des Lebensprocesses darin besteht, dass immer wieder die gleichen chemischen Verbindungen entstehen, zerfallen und wieder entstehen. Das ist der fundamentale Lebensvorgang, der Stoffwechsel, der seinen sichtbaren Ausdruck in der Thatsache findet, dass alle lebendige Substanz gewisse Stoffe von aussen aufnimmt, andere Stoffe nach aussen abgiebt und ihrer Beschaffenheit nach immer dieselbe bleibt. In dem Stoffwechsel der lebendigen Substanz bilden nun, wie alle diesbezüglichen Versuche gezeigt haben, Kern und Protoplasma unbedingt erforderliche Glieder. Beide geben an einander gewisse Stoffe ab, ohne deren Empfang weder das eine noch das andere seine normale Existenz ungestört weiter führen kann. Da alle Theile der lebendigen Substanz in sehr enger Correlation untereinander stehen, so ist vorauszusehen, dass sich die wechselseitige Abhängigkeit zwischen Protoplasma und Kernstoffen auch an den Molekülgruppen oder Protoplamatheilchen bemerkbar machen wird, welche bei dem Zustandekommen der Bewegungserscheinungen die Hauptrolle spielen, und das haben unsere Untersuchungen bestätigt.

Ueberblicken wir noch einmal zusammenfassend den Cyklus von Vorgängen, die wir in den vorigen Abschnitten einzeln betrachtet haben, so kommen wir zu folgendem Bilde von dem Bewegungsmechanismus der einfachsten Form lebendiger Substanz.

Ist in einem Flüssigkeitstropfen die Oberflächenspannung überall gleich, so hat der Tropfen Kugelform, wird sie local verringert, so tritt an der betreffenden Stelle eine Ausbreitung ein, wird sie daselbst wieder erhöht, so erfolgt wieder Annäherung der ausgebreiteten Theile an den Mittelpunkt.

Stellen wir uns eine Rhizopodenzelle vor, die nach totaler Reizung kuglig zusammengezogen ist, so haben wir einen Flüssigkeitstropfen, dessen Oberflächenspannung ringsherum gleich ist. Ueberlassen wir diese Kugel sich selbst, so geht das Erregungsstadium, das infolge der Reizung eingetreten war, allmählich vorüber. Gleichzeitig tritt in gewissen Molekülgruppen des Protoplasmas oder kürzer ausgedrückt in gewissen Protoplasmatheilchen eine chemische Affinität zu denjenigen im Medium befindlichen Stoffen auf, welche zur Erhaltung des normalen Stoffwechsels der Rhizopodenzelle erforderlich sind, also zu den Nahrungsstoffen, vor allem zum Sauerstoff. Diejenigen von den genannten Protoplasmatheilchen, welche an der Oberfläche liegen, werden von den Sauerstoffmolekülen, in deren Wirkungssphäre sie liegen, angezogen. Dadurch tritt an den betreffenden Stellen eine Verminderung der Oberflächenspannung ein, die eine schwache Hervorwölbung der Oberfläche zur Folge hat. Bei der Hervorwölbung aber sind wieder andere sauerstoffgierige Protoplasmatheilchen in die Nähe von Sauerstoffmolekülen gekommen, so dass infolge ihrer Affinität zu diesen wiederum die Oberflächenspannung vermindert wird. Auf diese Weise tritt eine dauernde Verminderung der Oberflächenspannung ein, das Protoplasma fliesst an den betreffenden Stellen immer weiter und weiter ins Medium hinein, mit anderen Worten es ist chemotropisch nach Sauerstoff. Die mit Sauerstoff gesättigten Protoplasmatheilchen bleiben liegen und werden von den nachströmenden, die ihre Affinitäten noch nicht gesättigt haben, bei Seite geschoben. So entsteht eine dauernde Strömung des Protoplasmas in centrifugaler Richtung, deren Ausdruck die Pseudopodienbildung ist.

Es erfolgt nun theilweise schon spontan, besonders aber infolge von Reizung ein Zerfall der oxydirten Protoplasmatheilchen, die durch ihre Sättigung mit Sauerstoff den Höhepunkt ihrer complicirten Constitution erreicht hatten. Die mit Sauerstoff gesättigten Protoplasmatheilchen zerfallen dabei leichter als die nicht gesättigten, wie aus dem Umstand hervorgeht, dass es bei Sauerstoffmangel viel stärkerer Reize bedarf um Amoeben zur Contraction zu bringen als bei normalem Sauerstoffgehalt. Bei dem Zerfall werden gewisse Spaltungsproducte nach aussen abgegeben, die gereizten Protoplasmatheilchen haben also eine andere chemische Constitution

und sind kleiner, als vor der Reizung. Besonders sind bei der
Spaltung die Protoplasmatheilchen an Sauerstoff, an Kohlenstoff,
Wasserstoff und Stickstoff ärmer geworden. Zu ihrer Restitution
müssen daher die freigewordenen Affinitäten zu diesen Stoffen wieder
befriedigt werden, zu welchem Zweck sowohl gewisse Stoffe des
Protoplasmas selbst als auch des Kerns nöthig sind. Die vom
Protoplasma allein gelieferten Stoffe finden sich überall im Protoplasma. Die Affinität der gereizten Protoplasmatheilchen zu diesen
Stoffen führt daher zu keiner bestimmt gerichteten Bewegung. Die
Kernstoffe aber nehmen an Dichte ihrer Vertheilung nach dem
Kern hin, d. h. in centripetaler Richtung zu. Die Affinität zu
ihnen erzeugt daher eine centripetale Strömung der gereizten Protoplasmatheilchen, einen Chemotropismus nach den Kernstoffen, der
seinen Ausdruck in der Einziehung der Pseudopodien findet. So
nimmt bei totaler Reizung der Rhizopodenkörper wieder Kugelgestalt an. Die so mit Producten des Protoplasmas und Kerns
wieder gesättigten Protoplasmatheilchen werden dann wieder chemotropisch nach Sauerstoff, und der Bewegungscyklus beginnt von
neuem.

Wir können die Erscheinungen also in folgenden Sätzen zusammenfassen:

1. Die unter Mitwirkung von Protoplasma und
Kern gebildeten Protoplasmatheilchen sind chemotropisch nach Sauerstoff.

2. Die mit Sauerstoff gesättigten Protoplasmatheilchen stehen auf dem Höhepunkt ihrer chemischen
Constitution und haben grosse Neigung zum Zerfall,
die unvollkommen oxydirten nur geringe.

3. Der Zerfall erfolgt in geringem Umfang schon
spontan, in grossem Umfang nach Reizung.

4. Nach dem Zerfall sind die Protoplasmatheilchen chemotropisch nach gewissen unter Mitwirkung
des Kerns gebildeten Stoffen, die im Protoplasma
derartig vertheilt sind, dass sie von der Peripherie
her nach der Umgebung des Kerns hin an Menge zu-
nehmen.

5. Die durch Aufnahme von Protoplasma- und
Kernstoffen regenerirten Protoplasmatheilchen werden wieder chemotropisch nach Sauerstoff.

* * *

Diese Sätze sind verwirklicht bei allen Bewegungserscheinungen formwechselnder Protoplasmamassen und sie genügen zum vollen Verständniss derselben. Wir machen die beste Probe darauf, wenn wir einige der zahlreichen speciellen Fälle von diesen Gesichtspunkten aus analysiren, vor allem die charakteristischen Bilder bei der Reizung und Degeneration.

Machen wir uns zunächst auf Grund der vorstehenden Erfahrungen klar, wie die Vertheilung der Stoffe in einem ungestört ausgestreckten Pseudopodium ist. Ein Pseudopodium, etwa von Difflugia oder Orbitolites, stellt einen cylinderförmigen Körper von nicht ganz glatter Oberfläche vor. An der ganzen Oberfläche liegen bis zu einer gleichmässigen Tiefe die mit Sauerstoff gesättigten, mehr nach der Axe die weniger und gar nicht oxydirten Protoplasmatheilchen. Ferner findet sich in dem axialen Protoplasma eine gewisse Menge von Kernstoffen, aber in geringerer Dichte als im Körper, in der Nähe des Kerns selbst, da ja ihre Dichte vom Centrum nach der Peripherie zu abnimmt. Sie finden sich nur in der Axe, nicht an der Oberfläche des Pseudopodiums, weil sie an der Oberfläche fortwährend von den spontan zerfallenden Protoplasmatheilchen wieder verbraucht werden. Schliesslich sind überall im Protoplasma Theilchen, die nicht direct bei den Bewegungserscheinungen betheiligt sind.

Hiernach ist es klar, was die Folge sein muss, wenn ein dickes und langes Pseudopodium, wie das von Difflugia, gereizt wird. Infolge der Reizung werden die Protoplasmatheilchen an der ganzen Oberfläche, wo sie mit Sauerstoff gesättigt sind, zerfallen und damit chemotropisch nach den Kernstoffen werden. Sie werden sich daher zunächst der in der Axe gelegenen Menge von Kernstoffen zuwenden. War die Reizung sehr heftig, so wird auch der Zerfall sehr energisch sein, die Theilchen werden in grosser Menge gierig nach der Axe drängen und sich so mit den Kernstoffen zusammen zu einem Axenstrang formiren, während die nicht unmittelbar au der Bewegung theilnehmenden Elemente des Protoplasmas durch die Contraction gleichsam ausgepresst als Aussenmasse an die Oberfläche zu liegen kommen (vgl. pag. 28). Da aber die geringe Menge von Kernstoffen in der Axe, welche das erste Ziel der durch die Reizung zerfallenen Protoplasmatheilchen bildet, nicht ausreicht, um ihre Affinitäten zu sättigen, so strömen die Protoplasmatheilchen dorthin, wo sie mehr und mehr Kernstoffe finden, d. h. nach der Centralmasse. So wird das Pseudopodium gleichzeitig eingezogen, wobei naturgemäss der Axenstrang meist etwas schneller einschmilzt als die Aussenmasse, die nur passiv nachgezogen wird. Besonders interessant ist das Verhalten kernloser Theilstücke von Difflugia, z. B. amputirter Pseudopodien (vgl. pag. 31). Schneidet man ein lang ausgestrecktes Pseudopodium von Difflugia ab, so tritt zuerst infolge der Reizung die eben besprochene Trennung des Protoplasmas in Axenstrang und Aussenmasse ein und das Stück zieht sich klumpig zusammen. Die Protoplasmatheilchen, welche noch von vorher an Kernstoffen gesättigt, aber wegen unvollkommener Oxydation nicht zerfallen waren, sowie die zerfallenen Protoplasmatheilchen, welche sich an den noch in der Axe vorhandenen Kernstoffen wieder regenerirt haben, bringen nun ihren Chemotropismus nach Sauerstoff wieder zum Ausdruck und begeben sich an die Oberfläche. So tritt wieder eine Vermischung der beiderlei Substanzen ein, die durch die Reizung getrennt worden waren und der Protoplasmaklumpen erscheint wieder homogen. Infolge der Affinität zum Sauerstoff kriecht nun die Masse wieder in normaler Weise eine gewisse Zeit lang weiter, während deren sich immer mehr Theilchen vollkommen oxydiren und spontan zerfallen. Aber dadurch wird der Vorrath von Kernstoffen, der nicht mehr ergänzt werden kann, immer mehr verbraucht, die zerfallenen Protoplasmatheilchen können sich daher immer weniger mit Kernstoffen sättigen und zeigen infolgedessen immer geringere Neigung zur Oxydation. Die Bewegung, d. h. die Pseudopodienbildung des Klümpchens wird deshalb immer langsamer und träger. Da die Menge der vollkommen oxydirten Theilchen, also die Neigung zum Zerfall immer geringer wird, sinkt auch die Erregbarkeit immer mehr, und es bedarf immer stärkerer Reize, um noch sichtbare Contractionserscheinungen zu erzielen. Die zerfallenen Protoplasmatheilchen schaaren sich immer gieriger um den kleiner werdenden Rest von Kernstoffen. So formirt sich die Masse zur Kugel, in der nur noch geringe Oxydationen stattfinden, die daher nur noch schwache Veränderungen der Form aufweist. Schliesslich sind alle Kernstoffe verbraucht, es finden keine Oxydationen mehr statt, die Bewegungen sind vollständig erloschen und die Masse stirbt in Kugelform ab. Wird das Klümpchen, solange es noch in Bewegung ist, sehr stark gereizt, so dass es sich noch einmal energisch contrahirt, so wird der Zerfall, der spontan nur ganz allmählich erfolgt, beschleunigt und die Masse bewegt sich danach nur noch ganz schwach oder gar nicht mehr.

Betrachten wir ferner die Wirkungen localer Reizung, wie wir sie z. B. an Cyphoderia kennen gelernt haben (pag. 26). Gereiztes Protoplasma ist immer chemotropisch nach ungereiztem, weil dieses noch Kernstoffe enthält. Reizen wir daher eins der lang ausgestreckten dünnen Pseudopodien von Cyphoderia durch Berührung mit einer spitzen Nadel, so tritt an der Reizstelle Zerfall der Protoplasmatheilchen ein und sie werden chemotropisch nach dem benachbarten ungereizten Protoplasma. Die in diesem enthaltenen Kernstoffe werden von den gereizten Theilchen gierig umlagert, so dass eine klumpige Ansammlung entsteht. Da aber die wenigen in dem benachbarten Protoplasma enthaltenen Kernstoffe nicht ausreichen, um die Affinitäten der gereizten Theilchen zu sättigen, so gleiten diese immer weiter centripetal vorwärts, indem sie immer mehr Kernstoffe umlagern, so dass das Klümpchen immer grösser wird. Ist das Pseudopodium sehr lang, war die Reizung nicht stark und wurde sie an der Spitze des Pseudopodiums angewandt, so werden, nachdem das Reizklümpchen eine genügende Masse von Protoplasma mit Kernstoffen in sich aufgenommen hat, seine Affinitäten zu den Kernstoffen schliesslich gesättigt sein, ehe es auf seiner centripetalen Bahn vollständig den Körper erreicht hat. Alsdann werden mehr und mehr von seinen Theilchen wieder chemotropisch nach Sauerstoff und beginnen wieder centrifugal zu fliessen. Dadurch vertheilt sich die Masse des Klümpchens wieder gleichmässig und das Pseudopodium fängt von neuem an sich auszustrecken.

Dieselben Erscheinungen haben wir an Orbitolites beobachtet (pag. 25), wenn ein langes, unverzweigtes Pseudopodium durch Abschneiden der Spitze local gereizt wurde. Kommen hier den centripetal strömenden Reizkügelchen klumpige Massen von centrifugal strömendem, also noch an Kernstoffen reichem Protoplasma entgegen, so werden die letzteren, wenn ihr Gehalt an Kernstoffen nicht ausreicht, um die Affinitäten der Reizkügelchen zu sättigen, gierig umlagert und zur Umkehr gezwungen. Man sieht dann die beiden sich entgegenkommenden Massen zu einem einzigen Klümpchen verschmelzen und gemeinschaftlich in centripetaler Richtung weiterströmen. Sind aber die dem Reizklümpchen centrifugal entgegenkommenden Massen gross genug, d. h. reich genug an Kernstoffen, so dass sie seine Affinitäten damit sättigen können, so vermischen sich ebenfalls beide Massen mit einander, aber strömen dann in centrifugaler Richtung gemeinschaftlich weiter.

Ebenso kommen die Reizerscheinungen zu Stande, welche kernlose, degenerirende Massen bei Berührung mit normalen Pseudopodien auf den letzteren erzeugen. Auch hier umlagern die an Kernstoffen freien Degenerationsmassen gierig das normale, Kernstoffe mit sich führende Pseudopodienprotoplasma und bilden Reizklümpchen, die in centripetaler Richtung strömen (vgl. pag. 55). Den Erscheinungen der localen Reizung sind die bei totaler Reizung ganz analog (vgl. pag. 29). Wir erinnern uns, dass ein Pseudopodium nicht eine mathematisch gerade Oberfläche hat, sondern hier und dort kleine Anschwellungen und Verdickungen zeigt. Wird nun ein Orbitolites, der zahlreiche Pseudopodien nach allen Richtungen ausgestreckt hat, durch heftige Erschütterungen dauernd total gereizt, so werden, da der Zerfall an der ganzen Oberfläche bis in gleiche Tiefe stattfindet, an den Stellen, wo Verdickungen sind, die Kernstoffe in grösserer Menge in der Axe liegen als an den dünnen Strecken, wo der Zerfall fast ganz bis an die Axe vordringt. Die vom Zerfall ergriffenen Protoplasmatheilchen werden also die Mittelpunkte der kleinen Verdickungen und Anschwellungen dicht umlagern und so Klümpchen, Spindelchen, Tröpfchen und Kügelchen von verschiedener Grösse im ganzen Gebiet der erschütterten Pseudopodien bilden, eine Erscheinung, die für alle Rhizopoden mit fadenförmigen Pseudopodien als typischer Reizzustand gilt. Da an den Stellen grösserer Anschwellungen auch mehr Kernstoffe liegen als an denen kleinerer, so werden sich auch hier mehr Protoplasmatheilchen sammeln und die kleineren Kügelchen werden die Tendenz haben, sich mit den nächst grösseren zu vereinigen. Immer fliessen die kleineren Massen in die grösseren hinein, weil diese mehr Kernstoffe enthalten, bis schliesslich alle Kügelchen und Tröpfchen sich da sammeln, wo die meisten Kernstoffe vorhanden sind, d. h. im Centralkörper. Dann sind alle Pseudopodien eingezogen.

Die gleiche Beobachtung macht man an degenerirenden kernlosen Pseudopodienmassen von Orbitolites (pag. 33). Nach der Abschneidung der Pseudopodienmasse werden zunächst die noch vorhandenen unter Mitwirkung von Kern- und Protoplasmastoffen gebildeten Protoplasmatheilchen oxydirt, d. h. es werden noch normale Pseudopodien ausgestreckt. Je mehr aber die oxydirten Protoplasmatheilchen zerfallen und je mehr die Kernstoffe bei ihrer Regeneration verbraucht werden, um so mehr sammelt sich das Protoplasma nach den Stellen, wo sich die letzten Reste derselben finden, d. h. immer da, wo die nächstgrössten Protoplasma-Anhäufungen sind. So entstehen hier aus demselben Grunde wie bei Reizung die charakteristischen Tröpfchen, Spindelchen und Kügelchen. Sind dabei auf dem Verbindungsfaden zwischen zwei Kügelchen die Protoplasmatheilchen bis in die Axe hinein zerfallen, so strömen sie gierig nach beiden Kügelchen hin und die Brücke zerreisst zwischen ihnen. Dann bleiben die Kügelchen isolirt liegen. Sonst schmilzt auch hier genau wie bei Reizung jedes kleinere Kügelchen in das nächst grössere ein und alle schliesslich in die Centralmasse, wo sich noch der letzte Rest von Kernstoffen findet. Da die Neigung zur Pseudopodienbildung zuletzt vollkommen aufhört, weil eben keine nach Sauerstoff chemotropischen Theile mehr da sind, so ist das Absterben im Contractionszustande, wie man es allgemein bei kernlosen Protoplasmamassen beobachtet, eine nothwendige Folge des allmählichen Verbrauchs der Kernstoffe.

Es würde zu weit führen und zu ermüdend sein, hier noch mehr von den zahllosen speciellen Erscheinungen, die man bei der Bewegung formwechselnder Protoplasmamassen beobachtet, zu zergliedern. Die angeführten Beispiele reichen vollkommen für unsern Zweck aus. Wer sich die Mühe nehmen will, die einzelnen Erscheinungen, welche er bei Beobachtungen und Versuchen an Rhizopoden constatirt, zu analysiren, wird finden, dass sie sich sämmtlich ohne die geringste Schwierigkeit nach den vorstehenden Anschauungen bis in ihre feinsten Einzelheiten begreifen lassen.

*　　*　　*

Wir haben jetzt die Bewegungserscheinungen der einfachsten Form lebendiger Substanz eingehend studirt, wir haben den Mechanismus der Pseudopodienausstreckung, der einfachsten Form der Expansionsphase, sowie den Mechanismus der Pseudopodieneinziehung, der einfachsten Form der Contractionsphase, kennen gelernt. Wir mussten uns so eingehend damit beschäftigen wegen der fundamentalen Bedeutung dieser Thatsachen. Es muss immer wieder betont werden, dass das Element der lebendigen Substanz die Zelle, und zwar die Zelle in ihrer einfachsten Form, Ausgangspunkt für das Verständniss aller Lebenserscheinungen sein muss, denn in der einfachen Rhizopodenzelle ist das Princip, das einer jeden Lebenserscheinung zu Grunde liegt, am leichtesten zu erkennen, hier ist es noch am wenigsten verhüllt, hier kann man ihm am weitesten nachspüren.

V. Ableitung der übrigen Bewegungsformen aus dem Princip der Protoplasmabewegung.

„Jeder Versuch einer Erklärung des Mechanismus der Protoplasmabewegungen muss nicht nur alle bekannten Modificationen der Protoplasmabewegung umfassen, wie bereits HOFMEISTER mit Recht forderte, sondern muss auch im Princip auf die übrigen Contractilitätserscheinungen anwendbar sein. Denn die wesentliche Uebereinstimmung, welche zwischen allen in der Erscheinungsweise und den Bedingungen des Zustandekommens besteht, und besonders handgreiflich die allmählichen Uebergänge zwischen denselben beweisen, dass man es hier in allen Fällen mit Aeusserungen des nämlichen mechanischen Principes, mit dem nämlichen elementaren Bewegungsmechanismus zu thun hat."

Diesen Worten ENGELMANNS [1] haben wir nichts weiter hinzuzufügen. Es erscheint demnach als unsere Aufgabe, den Nachweis zu führen, dass sich aus denselben Principien, welche dem Mechanismus der Ausstreckung und Einziehung der Pseudopodien zu Grunde liegen, auch die Bewegungserscheinungen der anderen contractilen Substanzen, speciell der Pflanzenzellen, der Infusorienmyoïde, der glatten Muskelzellen, der quergestreiften Muskelfasern und der Flimmerzellen ableiten lassen.

1. Die Protoplasmaströmung in den Pflanzenzellen.

Eine Pflanzengewebezelle stellt im allgemeinen eine cylindrische, aus Cellulose bestehende Kapsel vor, welche an der Innenfläche

---

[1] ENGELMANN: „Physiologie der Protoplasma- und Flimmerbewegung". In Hermanns Handbuch der Physiologie Bd. I. 1879.

mit einer dünnen Wandschicht von Protoplasma, dem sog. Primordialschlauch ausgekleidet ist. Diese Wandschicht umhüllt eine riesige Vacuole, gefüllt mit dem Zellsaft, durch welche, von der Wandschicht ausgehend, verzweigte Stränge von Protoplasma untereinander anastomosirend hinziehen, hier und dort dickere Ansammlungen bildend, in deren einer der Zellkern liegt (Fig. 13 A). Stellen wir uns vor, dass in eine leere Cellulosekapsel eine Rhizopodenzelle gesetzt würde, die alsbald anfinge Pseudopodien auszustrecken, auf der Innenwand der Kapsel sich auszubreiten und umherzukriechen, so erhalten wir ein getreues Bild von den Bewegungserscheinungen einer Pflanzenzelle. Die auf der Wandschicht und quer durch das Zelllumen verlaufenden Protoplasmastränge zeigen die herrlichste Protoplasmaströmung, und zwar genau in derselben Weise, wie wir sie auf den Pseudopodien eines Orbitolites oder auf den Strängen eines Myxomycetenplasmodiums kennen gelernt haben. Die Pflanzenzelle verhält sich vollständig wie ein in eine durchsichtige Kapsel eingesperrtes Myxomycetenplasmodium. Hier wird aus einem Strang seitlich ein Pseudopodium ausgestreckt, das sich verlängert, verzweigt, mit benachbarten verschmilzt, dort wird ein Strang in einen dickeren eingezogen u. s. f.

MAX SCHULTZE hat bereits in seinen grundlegenden Protoplasmauntersuchungen [1]) einen sehr eingehenden Nachweis der Identität aller Bewegungserscheinungen bei Pflanzenzellen und Rhizopoden geführt. Es kann uns demnach nicht schwer fallen, auch bei Pflanzenzellen dieselben Principien der Bewegung zu finden wie bei den Rhizopoden.

Wir haben auch in der Pflanzenzelle eine formwechselnde Protoplasmamasse, die sich in einem Medium befindet, in welchem Sauerstoff und andere gelöste Nahrungsbestandtheile vorhanden sind. Nehmen wir an, die Protoplasmamasse läge in Klumpenform an einer Stelle der Cellulosewand, so ist es klar, was geschehen muss, wenn der Klumpen sich auszubreiten anfängt. Da die Quelle des Sauerstoffs und der Nahrungsstoffe im Medium gelegen ist, also an der Oberfläche der Zellwand, so wird sich das Protoplasma vor allem an der Innenfläche der Cellulosekapsel ausbreiten. Es wird nach allen Seiten Pseudopodien aussenden, die sich länger und länger strecken, verzweigen, untereinander anastomosiren und das Phaenomen der Protoplasmaströmung zeigen. Die Pseudo-

---

[1]) MAX SCHULTZE: „Das Protoplasma der Rhizopoden und der Pflanzenzellen. Ein Beitrag zur Theorie der Zelle". Leipzig 1863.

podien werden sich hauptsächlich auf der Innenfläche der Kapsel
bewegen, aber sich, wie das ja auch bei Rhizopoden sehr verbreitet
vorkommt, auch frei in das Zelllumen hineinwenden. Auf der Innenwand der Zelle aber, wo der Sauerstoff des Mediums direct immer
wieder von neuem zufliesst, wird die grösste Ausbreitung stattfinden
müssen, hier bildet deshalb das Protoplasma schliesslich einen zusammenhängenden Wandbeleg. So müssten die Ausbreitungserscheinungen
des Protoplasmas eines Rhizopoden infolge seines Chemotropismus nach
dem Sauerstoff des Mediums in einer geschlossenen Kapsel schliesslich zu
den charakteristischen Bildern führen, wie sie die Pflanzenzellen zeigen.
Eine Erscheinung ist bei den Pflanzenzellen häufig sehr charakteristisch, d. i. die sogenannte R o t a t i o n s bewegung des strömenden Protoplasmas. Das Protoplasma strömt nämlich oft sehr lange Zeit auf einzelnen
Strängen in der gleichen Richtung, so dass dadurch eine regelmässige
Circulation innerhalb der Kapsel zu Stande kommt, bei der das Protoplasma an der einen Längsseite der Zellwand entlang fliesst, an der
Querwand nach der anderen Längseite umwendet und hier wieder zurückkehrt. Auch diese Erscheinung, die besonders schön an den langgestreckten Blattzellen von N i t e l l a f l e x i l i s zu sehen ist, hat ihr
Analogon bei den Rhizopoden, denn bei sehr vielen lang ausgestreckten
Pseudopodien sieht man, wenn sie sich nicht mehr strecken, die Protoplasmaströmung vom Centrum nach der Spitze verlaufen, hier umbiegen
und wieder nach dem Centrum zurückkehren. In der einfachsten
und übersichtlichsten Form zeigt diese Thatsache A m o e b a l i m a x.
Wir erinnern uns (pag. 20), dass diese A m o e b e, wenn sie klumpig
zusammengezogen war, anfangs Pseudopodien nach verschiedenen
Richtungen hin aussendet und wieder einzieht, dass aber schliesslich
eine Richtung die Oberhand gewinnt. Die ganze A m o e b e stellt
dann gewissermassen ein einziges Pseudopodium vor, dessen Protoplasmaströmung in einer sehr regelmässigen Circulation besteht,
indem das Protoplasma in der Axe nach vorn vorfliesst, hier wie
bei einer Fontaine nach der Peripherie umbiegt und hinten wieder
in den Axenstrom aufgenommen wird (Fig. 2 pag. 21). Die R o t a-
t i o n s bewegung des Protoplasmas in den Pflanzenzellen ist also
durchaus nichts Alleinstehendes und findet ihre Erklärung zugleich
in den oben gegebenen Ausführungen über die Ausbreitungserscheinungen des Rhizopodenprotoplasmas.

Die Rolle, welche der Sauerstoff für die Bewegungen des
Pflanzenprotoplasmas spielt, wird bei den Rhizopoden ebenfalls beleuchtet durch das Verhalten bei Sauerstoffentziehung. Schon seit

dem vorigen Jahrhundert ist bekannt, dass bei Sauerstoffentziehung die Protoplasmaströmung in den Pflanzenzellen aufhört. CORTI [1]) brachte Pflanzenzellen unter den Recipienten einer Luftpumpe oder überzog sie mit Oel, so dass kein Sauerstoff dazutreten konnte und fand, dass nach einiger Zeit die Protoplasmaströmung aufgehört hatte.

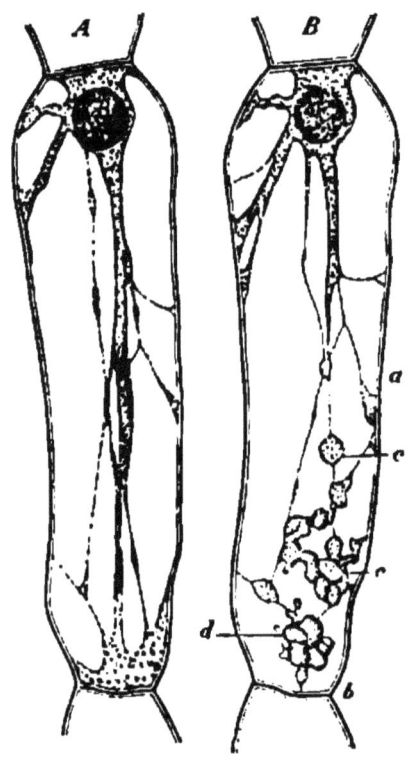

Später sind die Versuche CORTIS in exacterer Form von KÜHNE [2]) und HOFMEISTER [3]) mit demselben Resultat wiederholt worden. Letzterer sah die Protoplasmaströmung an Zellen von Nitella in Olivenöl schon nach 5 Minuten, im luftverdünnten Raum unter der Luftpumpe nach 13 Minuten aufhören und bei erneutem Sauerstoffzutritt wieder in normaler Weise weitergehen.

Die Erscheinungen, welche durch Reize an Pflanzenzellen hervorgerufen werden, sind ebenfalls durchaus identisch mit den Erregungserscheinungen an gereiztem Rhizopodenprotoplasma. MAX SCHULTZE, KÜHNE, HOFMEISTER haben bereits zahlreiche Reizversuche am Pflanzenzellenprotoplasma gemacht. Reizt man die langgestreckten Zellen der Staubfädenhaare von Tradescantia virginica, in denen sich die Protoplasmastränge besonders

Fig. 13.

Zelle eines Staubfadenhaares von Tradescantia virginica. Links ungestörte Protoplasmaströmung. Rechts Protoplasma nach Reizung kugelig zusammengeballt. (Nach Kühne.)

[1]) CORTI: „Osserv. sulla Tremella". Lucca 1774.

[2]) W. KÜHNE: „Untersuchungen über das Protoplasma und die Contractilität". Leipzig 1864.

[3]) W. HOFMEISTER: „Die Lehre von der Pflanzenzelle". Leipzig 1867.

schön von dem violett gefärbten Zellsaft abheben, mit dem galvanischen Inductionsstrom, so sammelt sich das Protoplasma auf
den Strängen zu kleinen Klumpen und Kugeln an (Fig. 13 *B*),
die durchaus denselben Charakter haben, wie die Kügelchen und
Klümpchen, welche nach Reizung auf den Pseudopodien von
Rhizopoden in typischer Weise entstehen (vgl. pag. 25 ff.). Dieselbe Erscheinung kann man auch durch andere Reize erzielen.
So hat HOFMEISTER[1]) zahlreiche Versuche über die Wirkung
verschiedener Temperaturen gemacht, die zu demselben Resultat
geführt haben. Dabei ist von grösster Wichtigkeit,
dass sich das ganze Protoplasma schliesslich nach
dem Kern hin zusammenzieht und als dicker Klumpen den Kern umlagert, eine Thatsache, die bereits ebenfalls HOFMEISTER beobachtete und die nicht schwer zu con-
statiren ist. Erwärmte HOFMEISTER z. B. die Haare von
Ecbalium agreste auf 40° C. und liess sie ca. 6 Minuten in
dieser Temperatur, so waren die Fäden in „stürmischer Einziehung
nach dem Kern hin begriffen“. Hier kommt der Chemotropismus
des gereizten Protoplasmas nach den Kernstoffen in überaus deutlicher Weise zum Ausdruck, denn der grösste Theil der ganzen
Protoplasmamasse ist in der Regel vor der Reizung bei ungestörter
Protoplasmaströmung auf die Stränge und den Wandbeleg vertheilt
und nur ein geringerer Theil umgiebt den Kern, der in irgend einer
Ecke der Zelle liegt. Wenn also die ganze Masse auch aus den
entferntesten Theilen der langgestreckten Zelle nach dem Kern
hinströmt, so wird es recht deutlich, dass es nur dieser und nichts
Anderes ist, was als chemotropisches Attractionscentrum für das
gereizte Protoplasma wirkt.

Es ist überflüssig, den ganzen Mechanismus der Bewegungserscheinungen in den Pflanzenzellen weiter zu zergliedern, denn die
Beobachtung zeigt, dass die Erscheinungen durchaus in jeder Beziehung dieselben sind wie bei den Rhizopoden, so dass unsere Auseinandersetzung des Bewegungsmechanismus der letzteren in ihrem
ganzen Umfang auch auf die Pflanzenzellen Anwendung findet.

---

[1]) W. HOFMEISTER: „Die Lehre von der Pflanzenzelle“. Leipzig 1867.

2. Die Bewegung der Muskelfasern.

Es ist von einigen namhaften Forschern bis in die neueste Zeit hinein die Ansicht vertreten worden, dass alle contractilen Substanzen fibrillär differenzirt seien. Nach unseren soeben über die Bewegung der Rhizopoden und Pflanzenzellen gewonnenen Erfahrungen muss diese Vorstellung fallen. Lassen uns schon einerseits die stärksten Vergrösserungen, welche die heute so hochentwickelte mikroskopische Technik ermöglicht, an dem Protoplasma einer Amoebe oder einer Tradescantiazelle keine Spur von einer faserigen Differenzirung erkennen, so liefert uns andrerseits die Beobachtung der Vorgänge bei der amoeboïden Bewegung den directen Beweis für die Unmöglichkeit des Vorhandenseins einer solchen Structur bei formwechselndem Protoplasma. In der lebendigen Substanz der Rhizopoden und Pflanzenzellen sind die contractilen Elemente überhaupt noch nicht dauernd differenzirt gegenüber den Elementen, die nicht unmittelbar am Zustandekommen der Bewegung betheiligt sind. Die ganze Masse des Protoplasmas macht die Bewegungen mit und mischt sich fortwährend in ihren einzelnen Theilen untereinander. Wo die contractile Substanz dauernd vom übrigen Protoplasma geschieden ist, da haben wir allerdings als Regel die fibrilläre Differenzirung derselben, aber diese Faserstructur ist durchaus nicht ein Moment, das mit dem Wesen der contractilen Substanz untrennbar verknüpft wäre. Der Grund, weshalb die contractile Substanz dort fibrilläre Structur besitzt, wo sie besonders differenzirt, d. h. eigens und allein für die Function der Bewegung entwickelt ist, liegt vielmehr darin, dass überall, wo die Differenzirung eintrat, die Natur — um ein teleologisches Bild zu brauchen — den Zweck verfolgte, eine motorische Wirkung in einer einzigen ganz bestimmten Richtung zu erzielen. Dass diesem Zweck nur die Fibrillenform und nicht eine amoeboïde Form entspricht, liegt ohne weiteres auf der Hand. Wir müssen daher die Vorstellung, dass die fibrilläre Struktur ein Charakter aller contractilen Substanz sei, der, wie die betreffenden Forscher sich vorstellen, von dem Wesen der Contractilität bedingt wäre, endgültig aufgeben. Die fibrilläre Structur charakterisirt nur diejenigen contractilen Substanzen, welche zur Leistung eines motorischen Effects in einer bestimmten Richtung differenzirt sind. Nur Fibrillenform und einseitige Leistung, nicht Fibrillenform und Contractilität überhaupt sind untrennbar mit einander verknüpft.

Die Differenzirung einer gewissen Formbeständigkeit, wie sie die contractile Faser besitzt, ist aber wichtig für die Betrachtung der Bewegungen fibrillärer Elemente gegenüber denen frei nach allen Seiten hin beweglicher Rhizopodenzellen.

Die bestimmt gerichtete motorische Leistung der contractilen Faser beruht nämlich darauf, dass sich die Protoplasmatheilchen nur in einer bestimmten Bahn und innerhalb bestimmter Grenzen bewegen, was theils durch die molekulare Structur der Faser selbst, theils durch äussere Widerstände (Membranen, Sarkolemm, Druck der benachbarten Fasern etc.) bedingt ist. Das ist der Hauptunterschied der contractilen Faser von einem Faden freibeweglichen Protoplasmas, wie ihn z. B. das Pseudopodium eines Rhizopoden vorstellt. Wird die Oberflächenspannung an der Spitze eines abgeschnittenen Pseudopodiums erhöht, so strömt das Protoplasma von der Spitze fort, und wenn die Oberflächenspannung der ganzen Masse des Pseudopodiums gleich gross wird, so nimmt sie Kugelform an, d. h. die Form, welche im Verhältniss zur Masse die geringste Oberfläche bietet. Das thut eine contractile Faser nicht. Eine contractile Faser nimmt niemals die für ihre Masse kleinste Oberfläche an, sie verringert ihre Oberfläche nur innerhalb gewisser Grenzen im Verhältniss zu ihrer Masse, indem sie kürzer und etwas dicker wird. Die ausgiebigste Formveränderung liegt dabei in der Längsrichtung, in der Verkürzung; die Verdickung dagegen bedingt nur eine verhältnissmässig geringe Aenderung, mit anderen Worten die Faser wird bedeutend verkürzt aber nur wenig verdickt. Darauf beruht der einseitige motorische Effect.

Dieser durch die einseitige Anpassung an eine bestimmte Leistung erworbene Unterschied der contractilen Faser von dem freibeweglichen Protoplasmakörper der Rhizopoden ist das eine wichtige Moment, das wir bei der Vergleichung der Muskelfasern mit dem formwechselnden Protoplasma im Auge behalten müssen. Fassen wir noch einen anderen, eng damit zusammenhängenden Unterschied ins Auge.

Bei den Rhizopoden sind im allgemeinen die contractilen Theilchen noch dauernd untrennbar mit dem übrigen Protoplasma vermischt. Indessen bietet bereits Difflugia einen ersten, interessanten Schritt zu einer Differenzirung. Es scheidet sich hier nach heftiger Reizung im Moment der Contraction die contractile Substanz von dem übrigen Protoplasma, um sich gleich danach wieder mit demselben zu vermischen (vgl. pag. 28 Fig. 6). Aber auch die ersten dauernden Differenzirungen der contractilen Substanz erscheinen schon bei Rhizopoden und zwar in Gestalt der sogenannten Myophrisken gewisser Radiolarien. Contractile Fasern treten dann bei einigen Geissel- und besonders bei vielen Wimper-Infusorien als Myoïde im Exoplasma auf. Am verbreitetsten schliesslich in der ganzen Reihe der Metazoën finden wir die verschiedenen Formen der glatten Muskelfasern und der am höchsten complicirten quergestreiften Muskeln. Blicken wir aber ringsum unter allen contractilen Elementen, überall bleibt die contractile Substanz im Verband mit dem Zellkörper, von dem sie entwicklungsgeschichtlich abstammt, mag sie dauernd mit dem übrigen Zellprotoplasma gemischt oder dauernd von ihm differenzirt sein, mag sie nur einen geringen Theil der Zelle bilden oder an Volumen den Zellkörper weit übertreffen. Man hat daher die Vorstellung gefasst, dass das Protoplasma mit seinem Zellkern für die Ernährung der Faser von Bedeutung sei. Die neueren Untersuchungen über die physiologische Rolle des Zellkerns haben diese Vorstellung als vollkommen richtig bestätigt, und wir können dieselbe jetzt noch mehr praecisiren. Wir wissen, dass der Zellkern ein integrirendes Glied im Stoffwechsel der Zelle ist, dass das Protoplasma mit seinen Differenzirungen nicht ohne Zellkern dauernd existiren kann. Die contractile Faser ist also unbedingt auf einen Stoffaustausch mit dem übrigen Protoplasma und dem Zellkern angewiesen. Es muss ein Stoffaustausch stattfinden vom Kern bis in die entferntesten Enden der Faser, damit diese dauernd ihre Function in normaler Weise versehen kann. Diese Thatsache ist auch bisher immer stillschweigend anerkannt worden. Um so merkwürdiger klingt eine Bemerkung Altmanns [1] in seiner ebenso selbstbewussten wie unhaltbaren Hypothese über die Zellgranula. Da heisst es nämlich: „In vielen Zellen zeigt sich der Inhalt des Zellleibes deutlich unabhängig vom Kern und es bleibt oft nur ein mehr weniger kleiner Theil übrig, dem man überhaupt Beziehungen zum Kerninhalt zumuthen könnte.

Als prägnantes Beispiel hierfür kann uns der Inhalt der gestreiften Muskelfaser dienen. Die Fibrillen derselben sind augen-

---

[1] R. Altmann: „Die Elementarorganismen und ihre Beziehungen zu den Zellen". Leipzig 1890.

scheinlich unabhängig vom Kern; sie gehen der Längsrichtung der Faser parallel, ohne sich um die Gegenwart der Kerne zu kümmern, höchstens dass sie auf ihrem sonst gradlinigen Wege etwas ausweichen, um demselben und der ihn umschliessenden spärlichen Substanz einigen Raum zu gönnen." Hätte ALTMANN seine Hypothese mit etwas weniger Emphase und etwas mehr Kritik und Berücksichtigung der zahllosen Experimente über die Beziehungen des Zellkerns zum Protoplasma in die Welt gesetzt, dann hätte er den Fibrillen nicht nur eine gönnerhafte Duldung der „spärlichen Substanz" mit ihrem Zellkern, sondern eine recht weitgehende Abhängigkeit von derselben zugeschrieben. Uebrigens dürfte wohl auch die Thatsache, dass die Fibrillen von dem Sarkoplasma mit seinem Kern in ihrem Stoffwechsel durchaus abhängig sind, sonst kaum einem Zweifel begegnen.

Die contractile Faser braucht zu ihrem Leben gewisse vom Kern gelieferte Stoffe, ebenso wie das Protoplasma der Amoebe. Aber in der Art und Weise, wie sie zu denselben gelangt, liegt der zweite wichtige Unterschied gegenüber dem formwechselnden Protoplasma. Da nämlich bei der Faser die contractile Substanz dauernd vom Zellprotoplasma getrennt ist und sich nicht mit ihm mischen kann, sind die contractilen Theilchen nicht in der Lage ihren Bedarf an Kernstoffen durch eigenes Hinwandern nach dem Zellkern zu decken. Es müssen daher umgekehrt die Kernstoffe durch das Protoplasma zu den contractilen Theilchen hintransportirt werden.

Wir haben also zwei wichtige Unterschiede der contractilen Faser gegenüber der formwechselnden Protaplasmamasse zu beachten, die Einschränkung der Bewegung und die dauernde Abgrenzung der contractilen Theilchen vom übrigen Zellkörper. Behalten wir diese beiden Momente im Auge, so können wir leicht nach den oben gefundenen Principien die Bewegungen der contractilen Faser mit denen der nackten Rhizopodenzelle vergleichen.

Betrachten wir zunächst die Bewegungen der glatten Muskelfasern nach den Gesichtspunkten, die wir aus der Untersuchung der Protoplasmabewegung gewonnen haben.

* * *

a. **Die glatten Muskelfasern.** Es giebt ein zierliches Wimperinfusorium, welches die Gestalt eines auf langem Stengel wachsenden Blumenkelches besitzt, die **Vorticella** (Fig. 14a). Der Kelch, der an seinem Rande mit einem Wimperkranz besetzt ist, stellt den Zellkörper mit Kern vor, den Stengel bildet ein contractiler Faden, der in Spiraltouren an der Innenwand einer cylinderförmigen, elastischen Scheide befestigt und auf irgend einem Fremdkörper angeheftet ist. Dieser Faden ist eine glatte Muskelfaser einfachster Form. Wir können ihn vergleichen mit einem Pseudopodienfaden von **Orbitolites**, aber wir müssen im Auge behalten, dass gegenüber dem letzteren die Bewegung der contractilen Theilchen in bestimmte Bahnen geleitet ist und dass die contractilen Theilchen sich nicht mit dem Zellprotoplasma mischen können.

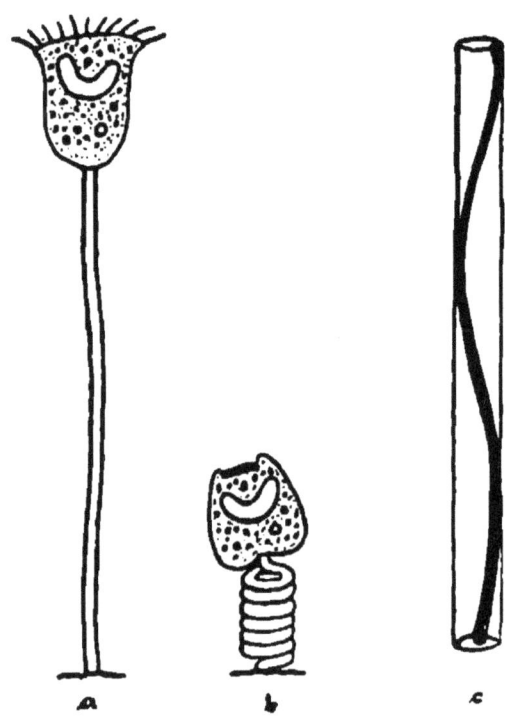

Fig. 14.
Vorticella. *a* Auf ausgestrecktem Stiel. Im kelchförmigen Zellkörper liegt der wurstförmige Kern. *b* Stiel contrahirt. *c* Ein Stück des Stiels stärker vergrössert. Der elastischen Scheide liegt an ihrer Innenwand der contractile Stielfaden (schwarz) an.

Wir wissen, dass die Masse der disponiblen Kernstoffe mit der Entfernung von ihrer Quelle abnimmt. In dem Stielfaden der **Vorticelle** wird also ihre Anhäufung am grössten sein, wo der Faden in den Zellkörper übergeht, und abnehmen nach dem Fusspunkt hin. Die Zufuhr von Kernstoffen wird immer vom Zellkörper her nach dem Fusspunkt hin stattfinden. Was wird nun geschehen, wenn ein Reiz vom Zellkörper her den Faden in der Richtung nach dem Fusspunkt hin durchläuft? Wie bei dem Pseudopodienfaden, der durch Zerschneiden an seinem Ende local gereizt wird

(vgl. pag. 25), werden von der Reizstelle her diejenigen contractilen Theilchen, welche auf dem Höhepunkt ihrer chemischen Constitution stehen, also welche vollkommen oxydirt sind, zerfallen und
damit chemotropisch nach den Kernstoffen werden. Da die Menge
der Kernstoffe am Zellkörper am grössten ist und da nur von
hier aus ein Zufluss derselben stattfindet, so wird Querschnitt
auf Querschnitt des Fadens mit Fortschreiten des Zerfalls nach dem
Zellkörper hin chemotropisch werden, um seine Affinität zu den
Kernstoffen zu sättigen.

Wie kommt nun aber durch die Affinität der contractilen
Theilchen des Stiels zu den Kernstoffen des Protoplasmakörpers
eine Verkürzung und Verdickung des Stielmuskels zu Stande?
Wenn wir die beiden oben bezeichneten Unterschiede zwischen der
contractilen Faser und dem formwechselnden Rhizopodenprotoplasma im Auge behalten, können wir die Contraction bei beiden
genau identificiren.

Bei dem ausgestreckten Pseudopodium einer A m o e b e (Fig. 15 a)
wird, wie wir sahen, durch die Affinität der Protoplasmatheilchen zu
den Kernstoffen nach der Reizung die Oberflächenspannung erhöht,
indem die Affinität der Theilchen zu den Kernstoffen als ein nach
dem Centrum hin gerichteter Zug sich zur Grösse der Oberflächenspannung, die ebenfalls nach dem Centrum hinwirkt, addirt.
Infolge dessen rücken die Theilchen des Pseudopodiums möglichst
nahe an den Mittelpunkt heran, d. h. das Pseudopodium wird
eingezogen (Fig. 15 b).

Bei dem Stielmuskel der V o r t i c e l l e (Fig. 15 c) tritt nach
der Reizung ebenfalls Affinität der contractilen Theilchen des
Stiels zu den Kernstoffen ein, d. h. die Theilchen erfahren einen
Zug nach dem Körper hin (Fig. 15 d). Wäre der Stielfaden ein
Pseudopodium, dessen Theilchen frei beweglich sind, so, dass sie
sich mit dem übrigen Protoplasma mischen könnten, so würden
seine contractilen Theilchen in den Körper hineinfliessen, bis sie
möglichst nahe an den Mittelpunkt gelangt sind. Daran hindert
sie aber die Structur der Faser, denn da beim Stielmuskel die
Theilchen nicht mit dem Protoplasma vermischbar und in ihrer
Bewegung sehr eingeschränkt sind, so wird der Zug nach dem
Mittelpunkt nur eine Annäherung der Theilchen an den Mittelpunkt
innerhalb der ihnen gesteckten Grenzen zu Stande bringen, d. h.

der Stielfaden wird sich verkürzen. Da aber bei der Verkürzung seine Masse auf eine geringere Längsfläche vertheilt wird, muss sie einen grösseren Querschnitt annehmen, d. h. der Faden verkürzt und verdickt sich zugleich.

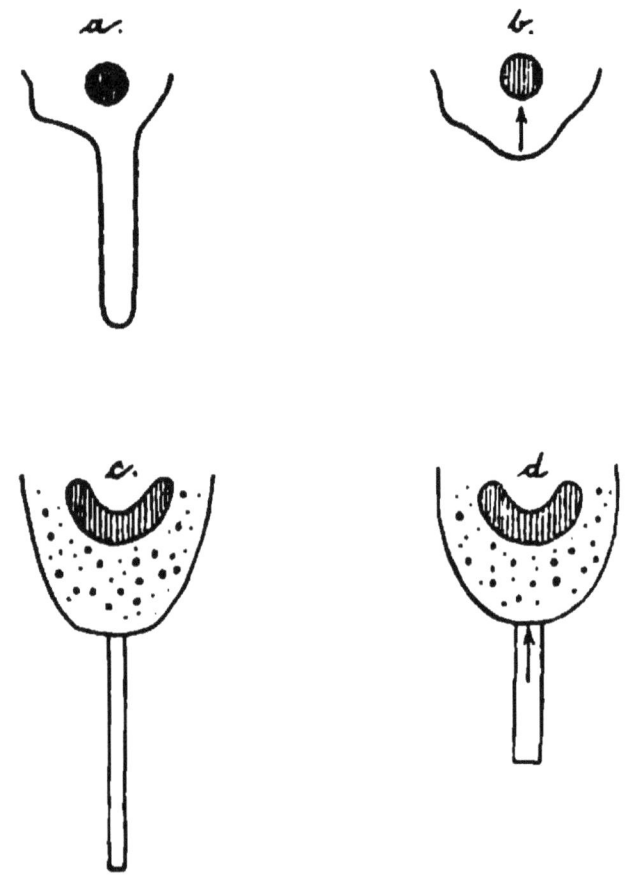

Fig. 15.

a Lang ausgestrecktes Amoebenpseudopodium. Kern schraffirt.
b Pseudopodium eingezogen infolge des Chemotropismus der Theilchen nach dem Kern.
c Vorticella. Ein Stück des ausgestreckten Stielmuskels und des Körpers mit dem Kern.
d Stielmuskel contrahirt infolge des Chemotropismus der contractilen Theilchen nach dem Kern. Der Pfeil giebt die Richtung des chemotropischen Zuges an.

Der Stielfaden der Vorticelle verhält sich also genau wie ein Pseudopodium, das sich nur theilweise retrahirt. Denken wir uns ein grade ausgestrecktes Pseudopodium, das sich aus irgend einem Grunde nicht vollständig einzieht, sondern nur um eine Strecke verkürzt, so haben wir hier bis in die Einzelheiten hinein dieselben Erscheinungen und mechanischen Ursachen wie bei der Contraction eines Muskelfadens. Der motorische Effect der Zuckung des Stirnmuskels besteht in einer Annäherung des Zellkörpers an den Fusspunkt des Stiels, wobei die elastische Scheide der Faser durch die Verkürzung gezwungen wird, sich spiralig zusammenzurollen (Fig. 14 *b*). Das ist die Contractionsphase.

Als Beweis, dass auch bei der contractilen Faser in der That die Kernstoffe die Ursache der Contraction sind, kann uns das folgende Experiment dienen. Sind nämlich die vom Protoplasma an den Stielfaden abgegebenen Kernstoffe nothwendig erforderlich für die Contractionen des Fadens, so müssen wir nach Trennung des Fadens vom kernführenden Zellkörper die analogen Erscheinungen erhalten wie an einem vom Rhizopodenkörper getrennten Pseudopodium, etwa von D i f f l u g i a (vgl. pag. 31). Das ist in der That der Fall. Es gelingt bei einiger Geduld, mit einem feinen Instrument den Stielfaden von dem V o r t i c e l l e n - körper unter dem Mikroskop abzuschneiden. Auch durch vorsichtigen Druck auf den Körper kann man ihn zur Ablösung veranlassen. Hat sich dann der Stiel wieder gestreckt, so kann man ihn, wenn ganz vorsichtig operirt worden war, durch einen neuen Reiz wieder zur Contraction bringen. Aber die Reizbarkeit erlischt sehr schnell. Wenn der Stiel überhaupt nach der Lostrennung noch reizbar ist, so kann man in der Regel nur noch eine oder zwei Zuckungen auslösen, selten, und das nur bei den grossen baumförmig verzweigten Stielen der coloniebildenden Vorticelline Z o o - t h a m n i u m, gelingt es, noch 4—5 Zuckungen hervorzurufen. Wird der Stiel nicht gereizt, so bleibt er länger reizbar, aber auch nie mehr als höchstens 8 Minuten. Sind nach der Lostrennung mehrere Contractionen zu erzielen, so streckt sich der Stiel nach jeder Contraction langsamer wieder aus. Schliesslich trübt sich sein Protoplasma und damit ist die Contractilität erloschen. Ich habe diese Experimente in grösserer Zahl an verschiedenen Vorticellinenformen mit demselben Erfolge angestellt und habe zur Controlle, dass es die Abwesenheit des Kerns ist, welche die tödtliche Schädigung bedingt, den Stiel in einigen Fällen mit dem unteren kernlosen Ende des Kelches abgeschnitten. Auch dann giengen die Stiele ebenso zu Grunde, während der obere kernführende Theil des Zellkörpers auch nach der Durchschneidung am Leben blieb.

Diese Versuche sind zwar wegen der Kleinheit der Objecte und der Neigung des Körpers, sich bei starker Reizung vom Stiel zu lösen, während dieser gleichzeitig abstirbt, recht schwierig und gelingen nur sehr selten, sie zeigen aber deutlich, wie nothwendig die Zufuhr der Kernstoffe für den Stielmuskel ist und in wie kurzer Zeit dieselben nach Abtrennung des Körpers verbraucht sind und zwar gerade durch die Contraction selbst, denn ungereizt bleibt der Stiel länger erregbar als nach Reizung, gerade wie das abgetrennte Pseudopodium von Difflugia (pag. 31). Das Absterben infolge von Kernlosigkeit tritt aber bei dem Vorticellenstiel unvergleichlich viel früher ein als bei den kernlosen Theilstücken der meisten Rhizopoden.

* * *

Betrachten wir jetzt die Expansionsphase. Ein Pseudopodium streckt sich aus, weil die Protoplasmatheilchen, nachdem sie mit Kernstoffen gesättigt sind, Affinität zum Sauerstoff des Mediums haben. Wir können uns vorstellen, dass dasselbe auch bei dem contractilen Faden des Vorticellenstiels der Fall ist. Haben die Theilchen durch Zufluss von Kernstoffen seitens des Zellkörpers ihre Affinität zu denselben gesättigt, so werden sie sich wieder oxydiren müssen, um von neuem durch Reize explosibel werden zu können. Da der Sauerstoff die ganze Oberfläche umspült, so werden sie nach der Oberfläche drängen, so dass sich dieselbe vergrössert. Die grösste Oberfläche bietet der Faden aber, wenn er ausgestreckt ist. Er wird sich also strecken und zwar wird die Streckung da beginnen, von wo die Contraction ausging, d. h. an der Stelle, wo der Zellkörper dem Stiel aufsitzt, denn hier werden zuerst wieder Theilchen mit Kernstoffen gesättigt sein. Indessen tritt diese active Streckung, die durch den Chemotropismus der Theilchen nach Sauerstoff bedingt ist, bei allen faserig differenzirten contractilen Elementen ganz in den Hintergrund.

Wo es darauf ankommt, dass die contractilen Fasern nach Verrichtung einer Leistung möglichst schnell und praecise von neuem wieder zur Ausübung ihrer Function bereit sind, wie besonders im Thierkörper, wo die Muskeln Unterthanen des Nervensystems geworden sind und jeden Augenblick dessen Befehlen zu gehorchen in der Lage sein müssen, da sind, um dem Muskel möglichst schnell die grösstmögliche Angriffsfläche für den Sauerstoff zu verschaffen, d. h.

um den Theilchen möglichst schnell Gelegenheit zu geben, sich wieder
zu oxydiren, besondere Hilfsmechanismen entwickelt, welche nach
der Contraction eine p a s s i v e S t r e c k u n g der Muskelfaser bewirken. Hierher gehören vor allem elastische Hüllen, dann die
Elasticität, Zug und Schwere anderer Gewebe, ferner Wirkung von
Antagonisten etc., kurz Einrichtungen, die je nach dem speciellen
Fall und je nach der zu erzielenden Leistung sehr verschiedenartig
auftreten können. Die passive Streckung ist bedeutend wirksamer
und exacter in ihrem Erfolg als die active und drängt die Bedeutung
der letzteren häufig vollständig zurück.

Bei unserer V o r t i c e l l e haben wir einen solchen Hilfs-
mechanismus ausgeprägtester Form in der elastischen Scheide vor
uns, welche den Stielfaden umgiebt. Die Wirkungsweise dieser
Stielscheide ist sehr einfach. Wir können sie vergleichen mit der
einer Sprungfeder. Bei der Contraction ist, wie wir sahen, infolge
des Zuges, den die Protoplasmatheilchen durch ihren Chemotropismus nach dem Zellkörper ausüben, die elastische Scheide zusammen-
gepresst worden und zwar spiralig wegen des gewundenen Verlaufs
des Stielfadens in der Scheide. Die Scheide gleicht jetzt einer zu-
sammengepressten Sprungfeder. Lässt nun der Zug nach, was der
Fall ist, wenn die Protoplasmatheilchen mit Kernstoffen gesättigt
sind, so wird die Elasticität die Scheide wieder zur Streckung veranlassen. Da zuerst die Theilchen in der Nähe des Zellkörpers
gesättigt sind, so wird die Streckung auch von hier wieder ihren
Ausgang nehmen und wird in demselben Maasse fortschreiten, wie der
chemotropische Zug nach dem Zellkörper hin aufhört. Sind schliesslich alle Theilchen wieder mit Kernstoffen gesättigt, ist also keine
Zugwirkung mehr nach dem Zellkörper vorhanden, so ist der Stiel
auch wieder ganz ausgestreckt.

Alles was bisher über den V o r t i c e l l e n stiel gesagt wurde, gilt
nun für jede glatte Muskelfaser, denn die Verhältnisse an den
glatten Muskelfasern der Gewebe sind dieselben wie die am V o r -
t i c e l l e n stiel. Ein unwesentlicher Unterschied besteht nur darin,
dass bei den meisten glatten Gewebsmuskelzellen die contractilen Fasern
sich nach zwei Seiten vom Zellkörper aus erstrecken, sei es, dass sie
den Zellkörper mit dem Kern in ihrer Mitte umschliessen (Fig. 16 a),
oder dass derselbe der Faser aussen aufgelagert ist (Fig. 16 b). Wir
können uns daher mit einem kurzen Blick auf die Bewegung der
glatten Gewebsmuskelzellen begnügen.

Betrachten wir etwa eine glatte Muskelzelle aus der Blase des

Frosches (Fig. 16 a), deren spindelförmiger Körper in der Mitte
das Protoplasma mit dem Zellkern umschliesst, oder eine glatte
Muskelzelle aus den grossen Tentakel-Retractoren der Bryozoën, an
deren langem, drehrundem Muskelfaden der Zellkörper mit Kern
seitlich anliegt (Fig. 16 b), und stellen wir uns vor, dass diese Muskelfasern an ihrem einen Ende gereizt werden, so wird der gereizte
Querschnitt chemotropisch nach dem nächsten werden, dieser, der inzwischen ebenfalls von dem fortlaufenden Reiz ergriffen ist, wieder
chemotropisch nach dem folgenden u. s. f., so dass eine Annäherung an den Zellkörper, wo die meisten Kernstoffe angehäuft sind,

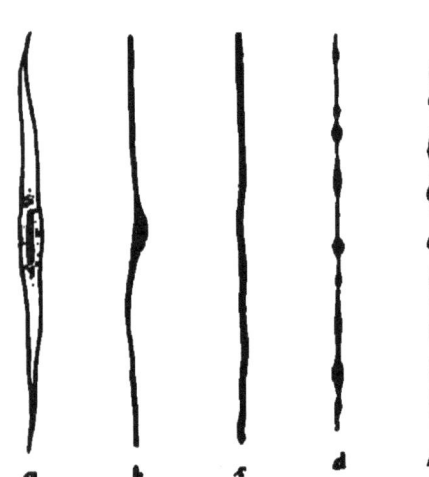

Fig. 16.

a Glatte Muskelzelle aus der Blase des Frosches.
b Glatte Muskelzelle eines Süsswasserbryozoums.
c Glatte Muskelfaser einer Rippenqualle (frisch).
d u. e Dieselbe in Degeneration begriffen.

eintritt. Da aber der Reiz
noch über den Zellkörper
hinaus nach dem anderen
Ende der Faser fortgeleitet
wird, so werden auch hier
die nacheinander ergriffenen
Querschnitte chemotropisch
nach dem Zellkörper werden,
d. h. der ganze Faden contrahirt sich. Sind die Theilchen mit Kernstoffen wieder
gesättigt, so wird wieder
eine Streckung eintreten, in
derselben Weise wie beim
Vorticellenstiel, wobei
hier der elastische Zug der
Gewebe als Hauptmoment
für die passive Streckung
zur Wirkung kommt.

Schliesslich aber wollen wir nicht versäumen, uns noch das Bild
anzusehen, welches Muskelfäden von etwas weicherer Consistenz, wo
die Theilchen etwas mehr gegeneinander verschiebbar sind, bei
der Degeneration zeigen. Es ist das besonders interessant, weil
wir hier genau dieselben Erscheinungen sehen, wie an einem
stark gereizten oder degenerirenden Pseudopodienfaden (pag. 25 u. 33).

Der zarte, wasserklare Gallertkörper der reizenden Rippenquallen ist nach allen Richtungen hin durchzogen von einem theilweise sehr regelmässig angeordneten Netzwerk glatter Muskelfäden
verschiedener Dicke. Die Substanz dieser Fäden ist äusserst weich.
Brachte ich die Thiere in einem für ihre Existenz zu kleinen Wasser-

behälter unter das Mikroskop, oder liess ich sie durch langsame
Einwirkung schädlicher Einflüsse allmählich absterben, so konnte
ich unter dem Mikroskop verfolgen, wie sich die Muskelfäden beim
Absterben veränderten. Die vorher glatt und gerade contourirten
Füden (Fig. 16c) begannen nach kurzer Zeit hier und dort flache Anschwellungen zu zeigen, welche sich allmählich verdickten. Das Protoplasma des Fadens sammelte sich von den dünneren Stellen immer
mehr nach diesen unregelmüssigen Anschwellungen hin an, und bald
hatte der Faden genau das perlschnurartige Aussehen eines Pseudopodiums, auf dem das Protoplasma zu Spindelchen und Kügelchen zusammengeflossen ist (Fig. 16d). Nur dünne Brücken ver-
banden noch die spindelförmigen und kugelförmigen Ansammlungen
des Protoplasmas, und auch diese zerrissen schliesslich ganz (Fig. 16e).
Dann war aus dem Faden eine Reihe von einzelnen Protoplasmatropfen
geworden, die isolirt im Gewebe lagen. Solche Bilder sind denen
degenerirender Pseudopodien von Orbitolites (pag. 33) so ähnlich, dass man, wären die Muskelfäden isolirt, beide nicht von einander unterscheiden könnte. Es dürften das übrigens die Bilder sein,
welche Eimer seiner Zeit verführt haben, die Existenz eines reich-
verzweigten Nervensystems bei den Rippenquallen zu behaupten.
Die Entstehung dieser Degenerationserscheinungen ist offenbar genau dieselbe wie bei den Pseudopodien (vgl. pag. 65). Stirbt der
Körper ab, wird der Stoffwechsel der Muskelzellen zerstört, so
sammeln sich die contractilen Theilchen da an, wo sie noch Kernstoffe finden, um diese lagern sie sich herum und bilden so die
Anschwellungen, Spindeln, Kugeln, welche dem absterbenden Faden
ein so charakterisches Aussehen geben. Uebrigens kann man ähnliche, wenn auch nicht so scharf ausgeprägte Bilder an degenerirenden Vorticellenstielfäden ebenfalls beobachten.

* * *

b. Die quergestreiften Muskelfasern. Bei den quergestreiften Muskelfasern hat die lebendige Substanz noch weiter-
gehende functionelle Differenzirungen erfahren als bei den glatten
contractilen Fasern. Es ist nothwendig, dass wir uns einige der
Hauptpunkte aus dem Bau der quergestreiften Muskelfaser, welche
besonders für die folgende Betrachtung von Bedeutung sind, kurz
ins Gedächtniss zurückrufen.

Bekanntlich stellt eine quergestreifte Muskelfaser eine Zelle von beträchtlicher Länge vor, in der wir dreierlei Elemente unterscheiden: Die Grundsubstanz, welche das eigentliche Zell-Protoplasma, das Sarkoplasma bildet, ferner eine Anzahl von contractilen Fibrillen, welche in das Sarkoplasma eingebettet durch die ganze Länge der Zelle ziehen, und schliesslich eine grosse Menge von langgestreckten Zellkernen, die im Sarkoplasma zerstreut liegen. Die ganze Faser ist umhüllt von einer elastischen Scheide, dem

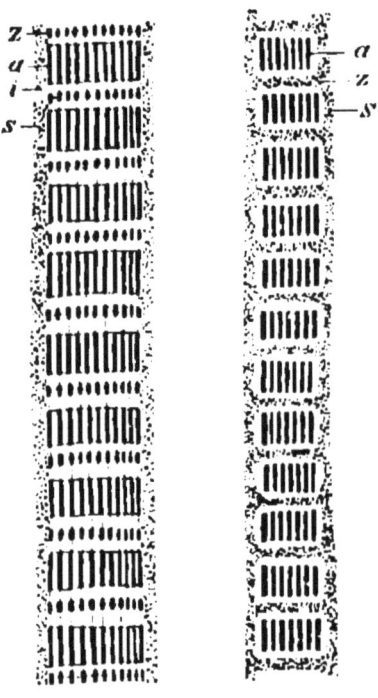

Fig. 17.
Insektenmuskelfaser. a Anisotrope Substanz,
i isotrope Substanz, z Zwischenscheibe, s Sarkoplasma. Links eine normale Faser. Rechts
eine Faser nach Behandlung mit 98 % Alkohol.
(Halbschematisch nach Rollett.)

Sarkolemm. Die contractilen Fibrillen sind es nun, welche der Faser die Querstreifung geben. Jede Fibrille erscheint der Länge nach eingetheilt in eine grosse Anzahl unter sich gleicher Segmente, deren jedes dieselbe eigenthümliche Anordnung verschiedener Substanzen in parallele Schichten zeigt. Diese Schichtung des einzelnen Muskelsegments ist schon Gegenstand zahlreicher Untersuchungen gewesen, und das Ausgezeichnetste und Genauste, was in neuster Zeit darüber veröffentlicht wurde, sind die schönen Untersuchungen von ROLLETT. Indessen ist es für uns nicht nöthig auf die feinere Unterscheidung der zahlreichen Schichten näher einzugehen. Wir begnügen uns mit ENGELMANN (vgl. pag. 8) folgende beiden Hauptgruppen von Schichten in jedem Segment einer contractilen Fibrille zu unterscheiden: In der Mitte die anisotrope Substanz (Fig. 17 links a), ausgezeichnet durch ihre doppelte Lichtbrechung. Zu beiden Seiten je eine Schicht der isotropen Substanz (Fig. 17 i), welche das Licht einfach bricht. Die beiden aneinander stossenden isotropen Schichten zweier benachbarter Muskelsegmente sind getrennt von einander durch die Zwischenscheibe (Fig. 17 z).

Von Bedeutung für unsere Betrachtung sind nun die Erscheinungen, welche ROLLETT [1]) beobachtet hat, wenn er Muskeln von Käfern durch längeres Liegen in 93 %, Alkohol zum Zerfall in einzelne Scheiben brachte. Es zeigte sich nämlich, dass hierbei das Sarkoplasma (Fig. 17s), welches die Fibrillen umgiebt, sich an jedem Segment von der anisotropen Schicht vollkommen abhob, während es mit den isotropen Schichten und speciell der Zwischenscheibe in festem Zusammenhange blieb. Da sich die anisotropen Schichten als Scheiben in jedem Segment loslösten, so stellte jedes Segment ein ringsherum geschlossenes Kästchen vor, gebildet durch den Zusammenhang von Sarkoplasma und Zwischenscheiben, in welchem die anisotrope Substanz isolirt eingeschlossen lag (Fig. 17 rechts). Diese Bilder sind sehr interessant, denn sie führen uns die wichtige Thatsache vor, dass die isotrope Substanz und speciell die Zwischenscheibe in viel innigeren Beziehungen zum Sarkoplasma steht als die anisotrope Substanz.

Welche Bedeutung kann diese Thatsache haben und welche Bedeutung haben überhaupt die isotropen Schichten? Von der anisotropen Schicht wissen wir durch die ausgezeichneten und umfassenden Untersuchungen ENGELMANNS (vgl. pag. 9), dass sie die contractile Substanz ist, während die isotropen Schichten zwar reizleitend, aber nicht contractil sind. Es wäre also zu erwarten, dass das Sarkoplasma, welches der contractilen Substanz die Kernstoffe übermittelt, eher mit der anisotropen als mit der isotropen Substanz in innigerer Berührung stände. Es muss daher auffallen, dass gerade die isotropen Schichten, die nicht contractil sind, dem Sarkoplasma, dem Uebermittler der Kernstoffe, näher stehen, als die contractilen anisotropen Schichten.

Zum Verständniss dieser Thatsache geben uns nun die feineren Vorgänge bei der Contraction, die durch die bewundernswürdigen Beobachtungen ENGELMANNS zuerst bekannt geworden sind, den Schlüssel in die Hand. Wir wissen nach unseren früheren Erfahrungen, dass die contractile Substanz für ihre normale Thätigkeit gewisse Kernstoffe nöthig hat und nach Reizung chemische Affinität zu diesen Kernstoffen annimmt. Es wäre also zu ver-

[1]) ROLLETT: „Untersuchungen über den Bau der quergestreiften Muskelfasern". I. Theil. In Denkschr. d. Mathem.-Naturw. Classe d. Kaiserl. Akad. der Wiss. zu Wien Bd. XLIX. 1885.

muthen, das die anisotrope Substanz nach Reizung chemotropisch
würde nach dem kernstoffführenden Sarkoplasma, welches ihre ganze
äussere Oberfläche umgiebt. Das ist aber durchaus nicht der Fall.
Die anisotrope Substanz verkleinert sogar bei der Contraction ihre
gegen das Sarkoplasma gerichtete Oberfläche und zeigt im Gegentheil
Affinität zu der isotropen Substanz, indem sie sich an beiden Seiten
des Segments mit ihr durchdringt. Diese Thatsache ist von grosser
Wichtigkeit. Wir müssen uns danach vorstellen, dass der anisotropen Substanz die Kernstoffe von Seite der isotropen Schichten
zugeführt werden, die sie ihrerseits vom Protoplasma überliefert bekommen, worauf die enge Beziehung grade der isotropen Substanz
zu dem Sarkoplasma (Fig. 17 rechts) in deutlichster Weise hin-
weist. Da nun aber die Kernstoffe auch im Sarkoplasma enthalten
sind, und da dieses keine chemotropische Wirkung auf die contractile Substanz ausübt, so werden wir zu dem Schluss gedrängt,
dass die Kernstoffe erst in der isotropen Substanz
eine Veränderung erfahren, welche sie chemotropisch
wirksam macht.

Unsere Schlussfolgerung ist also kurz zusammengefasst diese:
Die anisotrope Substanz braucht zu ihrer Ernährung, d. h. zum
normalen Fortbestehen ihrer Function gewisse Kernstoffe. Aus
dem Sarkoplasma direct nimmt sie keine Substanz in sich auf, wohl
aber aus der isotropen Substanz. Die isotrope Substanz aber steht
mit dem Sarkoplasma durch die Zwischenscheibe in sehr inniger
Beziehung, in innigerer als die anisotrope Substanz, also muss die
anisotrope Substanz ihre Kernstoffe auf dem Wege über die isotropen
Schichten beziehen. Da sie aber zu den Kernstoffen in der Form,
wie sie im Sarkoplasma selbst vorhanden sind, keine Affinität besitzt, so sind wir zu dem Schluss gezwungen, dass die Kernstoffe
erst in der isotropen Substanz eine Aenderung erfahren, die sie
chemotropisch wirksam macht. So verstehen wir die Bedeutung
der isotropen Substanz und begreifen, weshalb sie als vermittelnde
Schicht zwischen das kernstoffzuleitende Sarkoplasma und die
contractile Substanz eingeschaltet ist, weshalb gerade sie mit dem
Sarkoplasma in besonders enger Beziehung steht, und weshalb nicht
das Sarkoplasma selbst als eigene Schicht in der Faser an die
anisotrope Substanz direct angrenzt. Nur in der eben ausgeführten
Bedeutung ist die Entwicklung eines Mittelgliedes zwischen Sarkoplasma und contractiler Substanz zu begreifen.

Wir haben also von den Rhizopoden über die glatten Muskel-

zellen bis zu den quergestreiften Muskelfasern hin eine fortschreitende
Reihe von Differenzirungen der bei der Contraction betheiligten
Elemente. Im Rhizopodenkörper ist die contractile Substanz noch
mit dem übrigen Zellprotoplasma gemischt, und die vom Kern
producirten Stoffe nehmen gleich im Protoplasma selbst die Form
an, in welcher sie von den contractilen Theilchen gebraucht werden.
In der glatten Muskelzelle ist die contractile Substanz bereits
dauernd von dem übrigen Zellprotoplasma gesondert, aber die vom
Kern ausgeschiedenen Stoffe nehmen noch wie bei den Rhizopoden
im Zellprotoplasma selbst die Form an, in der die contractile
Substanz sie chemisch verwerthen kann. In der quergestreiften
Muskelzelle endlich ist nicht nur die contractile Substanz dauernd
vom Zellprotoplasma gesondert, sondern auch noch der Ort, wo
die vom Kern ausgeschiedenen Stoffe die Form erhalten, in der sie
die contractile Substanz zur Erhaltung ihrer Function braucht.

*   *   *

Nach diesen Betrachtungen können wir uns jetzt ein lücken-
loses Bild von dem Mechanismus der Contraction einer quergestreiften Muskelfaser machen.
Betrachten wir zuerst die Contractionsphase. Da bei der
Muskelfaser die contractilen Theilchen nicht nach dem Kern hinfliessen
können, so müssen die Kernstoffe vom Kern aus zu ihnen hintransportirt werden. Das ist klar, denn ohne Kernstoffe kann, wie
wir sahen, der Stoffwechsel und damit die Function eines Zelltheils
nicht auf die Dauer existiren. Der Transport der Kernstoffe zur
Faser kann beim quergestreiften Muskel ebenso wie beim glatten
nur durch das Sarkoplasma erfolgen, und da wir gesehen haben,
dass das Sarkoplasma gerade mit der Zwischenscheibe in sehr engem
Zusammenhange steht, so haben wir in der Zwischenscheibe den
Weg, auf welchem die vom Kern ausgeschiedenen Stoffe durch das
Sarkoplasma in jedes Segment der Faser hinein gelangen. Hier
werden sie zunächst von der isotropen Substanz aufgenommen, wo
sie die Form erhalten, in der sie für die Function der contractilen,
anisotropen Substanz erforderlich sind. Nehmen wir nun ein
einzelnes Segment und stellen wir uns vor, dass ein Reiz die anisotrope, d. h. die contractile Substanz trifft, so haben wir hier ganz
dieselben Ereignisse wie bei dem Vorticellenstiel. Die Theilchen
des zuerst ergriffenen Querschnitts werden zerfallen und infolge

dessen chemische Affinität zu den Kernstoffen der isotropen Substanz bekommen. Inzwischen ist die Erregung auf den nächsten Querschnitt übergegangen, so dass auch hier die contractilen Theilchen zerfallen, Affinität zu der isotropen Substanz erlangen und denen des vorhergehenden Querschnitts folgen, u. s. f. So wird eine Durchdringung der Theilchen beider Substanzen, der isotropen und anisotropen, an ihrer Grenze erfolgen, wie sie von ENGELMANN thatsächlich festgestellt wurde (vgl. pag. 8).

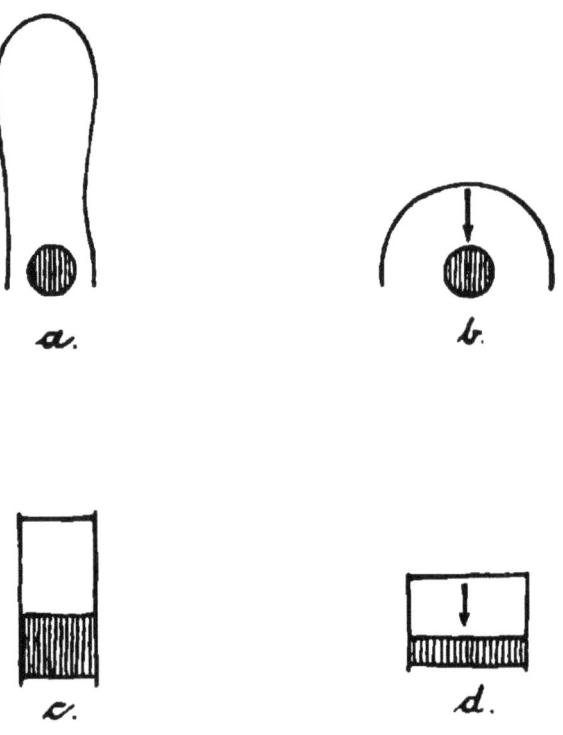

Fig. 18.

a Ausgestrecktes Pseudopodium von Amoeba limax. Kern schraffirt.
b Pseudopodium infolge des Chemotropismus der Theilchen nach dem Kern eingezogen. Annahme der Kugelform.
c Ein halbes Muskelsegment eines quergestreiften Muskels. Das helle die anisotrope, das schraffirte die isotrope Substanz.
d Das halbe Segment contrahirt infolge des chemotropischen Zuges der anisotropen Substanz nach der isotropen Schicht.

Verfolgen wir aber die Vorgänge noch etwas genauer. Fassen wir ein quer halbirtes Muskelsegment ins Auge, das die isotrope Substanz der einen Seite und die Hälfte der an sie angrenzenden

anisotropen Substanz vorstellt (Fig. 18c), so können wir hier ohne
Schwierigkeiten die Vorgänge mit denen bei der Contraction einer
Amoebe (Fig. 18a, b) vergleichen, wenn wir uns an die beiden
eingangs betonten Unterschiede der contractilen Faser gegenüber
der formwechselnden Protoplasmamasse erinnern. Die isotrope
Schicht des Muskelsegments versieht die Stelle des Kerns in der
Amoebe. Wird eine kriechende Amoebe (Fig. 18a) gereizt, so werden
die gereizten Theilchen chemotropisch nach dem Kern, d. h. es wirkt
ein Zug auf sie, der sie nach dem Kern hinzieht und sie zwingt,
sich möglichst nahe an den Kern zu begeben (Fig. 18b).
Wird die anisotrope Substanz des halben Muskelsegments
(Fig. 18c) gereizt, so werden ihre Theilchen, wie wir sahen, chemotropisch nach der anliegenden isotropen Schicht, d. h. es wird ein
Zug wirksam, der sie nach der isotropen Substanz hinzuziehen
strebt (Fig. 18d). Sie werden sich daher so nahe, als es ihre ein-
geschränkte Beweglichkeit gestattet, an die isotrope Substanz heran-
begeben und sich zwischen die Kernstoffe derselben gierig zwischen-
lagern. So werden auch die entfernteren Querschnitte der anisotropen Substanz sich an die isotrope Substanz annähern müssen,
was aber nur möglich ist, wenn sich ihre Theilchen zwischen die
der vorhergehenden Querschnitte zwischenschieben, soweit es ihnen
ihre Bewegungsfreiheit gestattet. Mit anderen Worten also, das
halbe Muskelsegment verkürzt sich und verdickt sich zugleich.
Dasselbe gilt natürlich von der anderen Hälfte und von jedem
anderen Muskelsegment. Wir haben also in der Annäherung der
anisotropen Theilchen an die isotrope Substanz beim quergestreiften
Muskel durchaus den analogen Vorgang wie bei der Annäherung
der contractilen Theilchen an den Zellkörper einer glatten Muskelfaser und wie bei dem Hinwandern der Protoplasmatheilchen eines
Pseudopodiums nach dem Kern bei einer Amoebe. Alle drei Erscheinungen beruhen auf der Wirkung der gleichen Kräfte, die wir
bereits in den ersten Abschnitten genau analysirt haben.
    Soviel über die Contractionsphase der quergestreiften
Muskelfasern.
    Die Expansionsphase werden wir uns in derselben Weise
zu denken haben wie bei den glatten Muskeln. Da die contractile
Substanz nach Sättigung mit den betreffenden Kernstoffen Affinität zu
Sauerstoff hat, wie ja auch das erhöhte Sauerstoffbedürfniss des
thätigen Muskels zeigt, so wird sie ihrer Umgebung, d. h. zunächst

dem Sarkoplasma Sauerstoff zu entziehen suchen, welchem Zweck die Annahme der grösstmöglichen Oberfläche am meisten entspricht. Auch hier beim quergestreiften Muskel ist die passive, durch den elastischen Zug des Sarkolemms und der Gewebe bedingte Streckung das Moment, welches am wirksamsten zur Erreichung dieses Zieles führt. Uebrigens besteht bei den glatten und quergestreiften Muskeln der höheren Thiere dem Vorticellenstiel gegenüber der Unterschied, dass der Sauerstoff nicht in freier Form die contractile Faser an ihrer Oberfläche umgiebt, sondern durch das Blut oder wie bei den Insekten durch Tracheen erst an das Sarkoplasma und von diesem an die contractile Substanz abgegeben werden muss.

Im Widerspruch mit der oben entwickelten Rolle des Sauerstoffs bei der Expansionsphase scheint auf den ersten Blick die Thatsache zu stehen, dass ausgeschnittene Muskeln, aus denen man keinen freien Sauerstoff gewinnen kann, noch lange Zeit in einem vollständig sauerstofffreien Medium arbeiten können. Nach der allgemein verbreiteten Ansicht arbeitet der Muskel nur auf Grund von Zerfallsprocessen. Seine Contractionen würde er also so lange ausführen können, als noch von den betreffenden Stoffen ein unzerfallener Vorrath vorhanden ist. Seine Expansionen aber sind, wie wir betonten, vorwiegend passive und werden auch ohne Sauerstoffzutritt durch die Wirksamkeit der angeführten Hilfsmechanismen passiv noch weiter fortgesetzt. Das Weiterarbeiten des Muskels im sauerstofffreien Medium würde also in diesem Falle keinen Einwand gegen unsere Vorstellung abgeben.

Andrerseits hat aber auch die Vorstellung, dass selbst nach Sauerstoffabschluss immer noch Sauerstoff im Muskel vorhanden ist, viel Wahrscheinlichkeit für sich. Die contractile Substanz braucht Sauerstoff für ihre dauernde Thätigkeit. Dieser Sauerstoff wird ihr vom Blut zugeführt, wo er locker an Haemoglobin gebunden ist. Aber damit der Sauerstoff von dem Blut aus den Capillaren zu der contractilen Substanz gelangen kann, muss er das Sarkoplasma passiren. Er muss also in einem gegebenen Moment im Protoplasma und bei dauernder Sauerstoffzufuhr auch dauernd im Protoplasma enthalten sein. Es ist nun einerseits im höchsten Grade unwahrscheinlich, dass aller Sauerstoff beim Hineinbringen eines Muskels in ein sauerstofffreies Medium auch momentan aus dem Sarkoplasma verschwände, und es steht andrerseits der Vorstellung nichts im Wege, dass der Sauerstoff im Sarko-

plasma, ähnlich wie im Blut, an bestimmte Elemente gebunden
wäre, denen ihn dann die contractile Substanz nach der Contraction
entzöge, ähnlich wie ihn die Gewebe dem Blut direct entziehen.
Wäre diese Vorstellung richtig, dann würde der Muskel nach
Sauerstoffabschluss noch eine Zeitlang auf Kosten des im Sarkoplasma aufgespeicherten Sauerstoffs, den man ihm nicht entziehen
kann, arbeiten, so dass selbst unter äusserem Sauerstoffabschluss noch
synthetische Processe stattfänden. Uebrigens hätten wir in diesem
Falle nur ein Gegenstück zu dem normalen Fortbestehen der Bewegung
bei Rhizopoden nach Entfernung des Kerns. Beiden Erscheinungen
würde die analoge Ursache zu Grunde liegen, nämlich die, dass mit
Entziehung des Sauerstoffs ebensowenig wie mit Entziehung des Kerns
augenblicklich auch aller Sauerstoff oder alle Kernstoffe verbraucht
sind. Beide können mit der Entziehung ihrer Quelle nicht auch
zugleich dem Protoplasma, in dem sie in gewisser Menge enthalten
sind, vollständig entzogen werden, und bis dieser Vorrath verbraucht
ist, dauert die Bewegung fort.

Mag man diese Vorstellung annehmen oder mag man die herge-
brachte Ansicht, dass unter Sauerstoffabschluss nur Spaltungen vor
sich gingen, beibehalten, in keinem von beiden Fällen kann die Thatsache des zeitweiligen Weiterarbeitens im sauerstofffreien Medium
als Einwand gegen die oben entwickelte Anschauung geltend gemacht werden.

*   *   *

Ehe wir uns von der Betrachtung der Vorgänge im quergestreiften Muskel abwenden, wollen wir noch einen flüchtigen
Blick auf die Erscheinungen bei der Degeneration, beim Absterben
desselben werfen. Wir haben gesehen, dass kernlose Protoplasmamassen von Rhizopoden immer im Contractionszustand absterben,
weil die Menge der noch vorhandenen Kernstoffe immer geringer
wird, so dass sich die Protoplasmatheilchen gierig darum schaaren,
ohne sich damit sättigen und dadurch wieder chemotropisch nach
Sauerstoff werden zu können. Dieselbe Erscheinung tritt auch am
unverletzten Rhizopodenkörper ein, wenn er wegen einer dauernden
Schädigung des Stoffwechsels abstirbt, denn auch in diesem Fall
hört die Production der Kernstoffe allmählich auf, die contractilen
Protoplasmatheilchen können sich nach der Spaltung nicht wieder
ganz regeneriren und werden daher nicht mehr chemotropisch nach

Sauerstoff, d. h. die Pseudopodienbildung hört auf, nachdem sich das Protoplasma klumpig um den letzten Rest von Kernstoffen zusammengezogen hat. Ueberall und immer finden wir, dass nacktes Protoplasma im Contractionszustande abstirbt. Bei Pflanzenzellen kann man ähnliche Beobachtungen machen. Auch hier ballt sich das Protoplasma, wenn die Zelle degenerirt, zu Klumpen zusammen. Wir lernten ferner dieselbe Thatsache bei glatten Muskelzellen kennen, die ebenfalls unter Contractionserscheinungen absterben (vgl. pag. 81). Auf die gleiche Erscheinung endlich stossen wir auch bei den quergestreiften Muskeln. Man bezeichnet hier die Erscheinung als Todtenstarre. Es ist bekannt, dass z. B. die Muskeln des Menschen, die kurz nach dem Tode noch erregbar sind und ihre normale, weiche Consistenz zeigen, nach einigen Stunden starr werden. Dabei verkürzen und verdicken sich die Muskeln, entwickeln Wärme und verhalten sich auch in chemischer Beziehung ganz wie contrahirte Muskeln. Nach einigen Stunden löst sich die Starre wieder, indem die Verwesung beginnt. Die Todtenstarre war die letzte Lebensaction des absterbenden Muskels. HERMANN[1]) hat die Analogien zwischen Starre und Contraction einer sehr genauen Prüfung unterzogen, und es kann kein Zweifel mehr sein, dass wir in der Todtenstarre einen echten Contractionsvorgang vor uns haben. Nach unserer Auffassung und nach dem Verhalten aller contractilen Substanzen bei der Degeneration ist das Absterben im Contractionszustande von vornherein auch bei quergestreiften Muskeln zu erwarten gewesen, und wir sehen in der Todtenstarre des quergestreiften Muskels nur eine Bestätigung des allgemeinen Satzes, dass alle contractilen Substanzen unter Contractionserscheinungen absterben, wenn sie nicht durch äussere Umstände an der Contraction gehindert sind.

Wie die Contractionserscheinungen beim Absterben formwechselnder Protoplasmamassen, ebenso erklärt sich auch die Todtenstarre des quergestreiften Muskels aus den gestörten Stoffwechselbeziehungen zwischen Kern und Protoplasma, speciell zwischen Kern und contractilen Theilchen. Die Production der Kernstoffe hört allmählich auf und die contractile Substanz drängt gierig nach den letzten Resten hin, bis schliesslich völliger Zerfall eintritt. Ist diese Vorstellung richtig, so muss der Eintritt der Todtenstarre

---

[1]) L. HERMANN: „Allgemeine Muskelphysik". In Handbuch der Physiologie Bd. I. Leipzig 1879.

beschleunigt werden können, wenn die Menge der disponiblen Kernstoffe vermindert wird. Das kann man erreichen, wenn man den
Muskel zu angestrengter Thätigkeit zwingt, denn bei jeder Contraction werden Kernstoffe verbraucht und bei andauernder Arbeit
muss schliesslich eine Abnahme derselben stattfinden, indem der
Verbrauch die Neubildung überwiegt. In der That ist es eine bekannte Erscheinung, dass ermüdete Thiere viel schneller todtenstarr werden als Thiere, die vorher geruht hatten. Todtgehetztes
Wild wird häufig sofort todtenstarr.

Auch ist die Thatsache, dass die Contraction selbst bei der
Todtenstarre viel langsameren Verlauf hat, als bei der Zuckung
eines Muskels unter Nerveneinfluss, eine nothwendige Consequenz
aus unserer Vorstellung. Bei der Reizung des Muskels tritt ein
plötzlicher Zerfall der contractilen Substanz auf und damit eine
ebenso plötzliche Affinität zu den Kernstoffen. Bei der Todtenstarre besteht nur ein allmählicher Zerfall der contractilen Theilchen,
wie ja auch am ruhenden Muskel, nach dem continuirlichen Abfluss
von Spaltungsproducten zu urtheilen, in geringerem Maasse immer
ein fortwährender Zerfall stattfindet. Es werden also in der Zeit-
einheit immer nur wenige Theilchen chemische Affinität nach den
Kernstoffen entwickeln, und da die Menge der Kernstoffe ebenfalls
nur sehr allmählich abnimmt, so wird auch die Contraction bei der
Todtenstarre nur sehr allmählich erfolgen. Dasselbe Verhältniss
besteht übrigens zwischen Reizcontraction und Degenerationscon-
traction bei Rhizopoden. Ein total gereizter Orbitolites hat
seine sämmtlichen Pseudopodien in wenigen Minuten eingezogen,
während die Einziehung der Pseudopodien an kernlosen Theilstücken
sich über mehrere Stunden erstreckt. Man kann die Contractionserscheinungen, welche beim Absterben der Rhizopoden auftreten,
bis in die Einzelheiten hinein mit den Erscheinungen am sterbenden
Muskel analogisiren und braucht sich nicht zu scheuen, dieselben
ebenfalls mit dem Ausdruck Todtenstarre zu bezeichnen.

3. Die Flimmerbewegung.

Die Bewegung der Flimmerhaare hat in mancher Beziehung
Aehnlichkeit mit der Muskelbewegung. Wir lassen daher ihre
Betrachtung am besten unseren Ausführungen über die Muskel-
bewegung folgen. Die Verbreitung der Flimmerbewegung ist eine

weit grössere als die der Muskelbewegung, denn sie spielt nicht
nur im Leben der Thiere, sondern auch vieler Pflanzen eine grosse
Rolle und ihre biologische Bedeutung ist kaum geriuger als die der
Muskelbewegung, sei es dass die Flimmerbewegung zur Locomotion
dient, sei es dass sie im Innern des Körpers das wichtige Trans-
portgeschäft bestimmter Stoffe versieht. Ihr morphologisches
Substrat ist die Flimmerzelle, eine Zelle, an deren Oberfläche sich
die Flimmerhaare oder Wimpern befinden, formbeständige Anhänge,
die ihrer Gestalt nach am besten mit den Augenwimpern ver-
glichen werden können. Uebrigens ist die Gestalt und Zahl der
Flimmerhaare sehr wechselnd. Bei den flagellaten Infusorien, den
Spermatozoen der Thiere und in den Wimperkammern der Schwämme
besitzt die Zelle nur eine oder wenige lange „Geisseln", bei den
ciliaten Infusorien und den Zellen der Flimmerepithelien dagegen
finden sich eine grosse Menge kürzerer Wimpern an der Oberfläche
entwickelt. Vielfach sind die einzelnen Wimperhaare untereinander verklebt zu dickeren Cirrhen, wie z. B. bei den eigenthümlich
differenzirten Wimpern mancher Wimper-Infusorien, oder zu breiten
und grossen Wimperplatten wie bei den prachtvoll irisirenden
Schwimmplättchen der Rippenquallen.

Ebenso mannigfaltig wie die Gestalt der Wimpern ist auch
die Bewegung derselben, die in einem activen Hin- und Her-
schwingen der Flimmerhaare von Seiten der Zelle besteht. Alle
Mannigfaltigkeit besteht aber nur in der Form der Bewegungsbahn.
Man hat danach mehrere Arten als „hakenförmige", „trichterförmige",
„peitschenförmige" Flimmerbewegung etc. unterschieden, Arten, die
man leicht noch um eine grosse Zahl vermehren könnte, wenn man
nur allein die Wimperbewegung der Infusorien eingehend analysirt.
Für unsere Betrachtung haben diese Unterscheidungen keinen besonderen Werth, denn allen liegt das gemeinschaftliche Princip zu
Grunde, dass die Bewegung durch eine bestimmte
Formveränderung jeder Wimper selbst bewirkt wird.
Je nach der Art der Formveränderung kommt dann bei den verschiedenen Wimpern die verschiedene Bahn der Bewegung und
damit der verschiedene motorische Effect zu Stande. Die compli-
cirtesten Bahnen findet man bei freilebenden Infusorien, die einfachsten bei Flimmerepithelien.

Wir betrachten die Formveränderungen, welche eine Wimper
zeigt, an einem der günstigsten Objecte, die es überhaupt für
das Studium der Flimmerbewegung giebt, nämlich an den Schwimm-

plättchen der Rippenquallen. Ueber den langgestreckten Körper der Rippenquallen ziehen von einem Körperpol aus nach dem andern hin 8 lange Streifen, die sog. Rippen, deren jede von einer Reihe dachziegelförmig hintereinander liegender Schwimmplättchen gebildet wird. Die Schwimmplättchen sind durchschnittlich 1—2 mm lang und bestehen aus einer grossen Zahl unter einander verklebter feinster Flimmerhaare. Infolge ihrer fibrillären Structur zeigen die Plättchen einen prächtigen Perlmutterglanz und wenn die Plättchen sämmtlicher 8 Rippen rhythmisch in regelmässiger Aufeinanderfolge schlagen, so gewähren die in Regenbogenfarben über den zarten durchsichtigen Körper hinlaufenden Wimperwellen ein überaus anziehendes Schauspiel, das jeden Beobachter mit Entzücken erfüllt. Bei der bedeutenden Grösse der Plättchen kann man die Formveränderungen, welche sie bei der Thätigkeit zeigen, bequem mit blossem Auge sehen. Die Thätigkeit der Plättchen ist nicht immer gleichmässig. Lange Zeit bewegen sich die Plättchen rhythmisch in der Weise, dass vom oberen Ende der Rippe anfangend Schlagwellen nach dem unteren Ende hin verlaufen, indem die Plättchen nur in strenger Aufeinanderfolge schlagen. Der Rhythmus ist bisweilen schnell, bisweilen langsam. Dann können wieder zwischendurch längere Pausen in der Bewegung eintreten und mit einzelnen Schlagwellen abwechseln. Auch die Amplitude der Schwingung ist zu verschiedenen Zeiten verschieden gross. Häufig machen die Plättchen nur sehr geringe Excursionen, bisweilen wieder haben die Schwingungen sehr grossen Umfang. Für die Beobachtung der Formveränderungen wird man daher am zweckmässigsten Plättchen in dem Zustande wählen, wo sie langsam und mit grosser Amplitude schlagen. Nun sind zwar die Plättchen aus einer grossen Anzahl von Wimpern verklebt, aber es ist klar, dass die Formveränderung des Plättchens auch die Formveränderung der einzelnen Wimpern ausdrückt. Betrachten wir daher ein Flimmerplättchen im Profil. [1]

In der Ruhelage (Fig. 19 a) liegt das Plättchen der Körperoberfläche dicht an und zeigt zwei Krümmungen, eine von kleinerem Radius dicht über der Basis und eine von grösserem Radius und in entgegengesetztem Sinne an der oberen Hälfte. Führt nun das Plättchen einen Schlag aus, so können wir zwei Phasen unterscheiden, die erste, in der es sich aus der Ruhelage entfernt, und

---

[1] VERWORN: „Studien zur Physiologie der Flimmerbewegung". In Pflügers Arch. Bd. XLVIII. 1890.

die zweite, in der es wieder in dieselbe zurückkehrt. In der ersten, der progressiven Phase der Bewegung erfolgt von der Basis her eine Streckung der unteren Krümmung, so dass sich das Plättchen aufrichtet. Hierbei wird infolge des Wasserdrucks zuerst auch die obere Krümmung etwas gestreckt, aber sobald die extreme Lage erreicht ist, wird sie wieder grösser. Das Plättchen besitzt dann in der extremen Schwinglage, in der es die senkrechte Stellung oft weit überschritten hat, eine einzige Krümmung von grossem Radius, deren Concavität nach der Seite gerichtet ist, wohin der Schlag erfolgte (Fig. 19 b). Diese progressive Phase erfolgt sehr energisch. Langsamer verläuft die regressive Phase des Schlages. in der das

Fig. 19.
Profilansicht eines Schwimmplättchens von **Beroë ovata.** *a* Ruhelage.
b Extreme Schwinglage.

Plättchen aus der extremen Schwinglage wieder in die Ruhelage zurückkehrt. Dabei krümmt sich das Plättchen wieder an der Basis nach der entgegengesetzten Seite, die Krümmung nimmt immer kleineren Radius an, bis schliesslich die Ruhelage wieder erreicht ist.

Aus dieser Formveränderung geht deutlich hervor, dass im Moment des Schlages, d. h. wenn die progressive Phase der Bewegung beginnt, diejenige Seite der Wimpern, nach welcher der Schlag erfolgt, eine Verkürzung erfährt, dass also hier eine Zusammenziehung der Theilchen, eine Contraction stattfindet, welche von der Basis her ihren Ursprung nimmt und sich nach der Spitze hin fortpflanzt. Bei der regressiven Phase dagegen strecken sich die Theilchen und die Seite verlängert sich wieder. Eine active Contraction der entgegengesetzten Seite bei der regressiven Phase ist aus dieser Formveränderung nicht zu entnehmen. Sie würde auch dem motorischen Effect, der es voraussetzt, dass die Wimper langsam in die Ruhelage zurückkehrt, widersprechen.

Der Wimperschlag beruht also auf einer einseitigen Contraction und darauf folgender Erschlaffung des Wimperhaares.

* * *

Auf Grund des Princips der Bewegung, welches wir aus dem Studium der Rhizopoden abgeleitet und auch bei den Muskelfasern als wirksam erkannt haben, können wir uns jetzt leicht eine Vorstellung von dem Mechanismus der Wimperbewegung machen. Erinnern wir uns, dass die Wimper ein dauernd differencirtes contractiles Organoïd des Zellkörpers ist, das direct mit dem Zellprotoplasma zusammenhängt, so haben wir bei der Bewegung der Wimpern ganz anologe Verhältnisse wie bei der Contraction des Vorticellenstiels.

Dass die Wimpern für das Fortbestehen ihrer Function gewisse unter Mitwirkung des Zellkerns entstandene Stoffe nöthig haben, lässt sich wieder experimentell sehr leicht zeigen. Schneidet man nämlich unter dem Mikroskop einer Wimperzelle, am besten einem grossen Wimperinfusorium mit einer feinen Lanzette ein kernloses Stück des Protoplasmakörpers mit den anhängenden Wimpern ab,[1]) so bewegt dieses zwar seine Wimpern zuerst noch eine Weile in normaler Weise weiter, geht aber nach einiger Zeit unfehlbar zu Grunde, während das kernhaltige, selbst wenn es kleiner ist, sich zu einem vollständigen Infusorium regenerirt und ungestört weiter lebt. Die Kernstoffe sind also nothwendig für die Fortdauer der Wimperbewegung.

Da wie bei allen dauernd differenzirten contractilen Elementen auch bei den Wimpern nicht ein Hinwandern der contractilen Theilchen nach dem Kern stattfinden kann, so müssen den Wimpern die Kernstoffe durch das Protoplasma der Zelle vom Kern aus zugeführt werden.

ENGELMANN [2]) hat in einer sehr eingehenden Arbeit eigenthümliche Gebilde im Protoplasma der verschiedenartigsten Wimper-

---

[1]) VERWORN: „Psycho-physiologische Protisten-Studien". Jena 1889.
[2]) ENGELMANN: „Zur Anatomie und Physiologie der Flimmerzellen". In Pflügers Arch. Bd. XXIII. 1890.

zellen beschrieben, die als faden- oder strangartige Bahnen vom
Zellkern oder aus seiner Nähe entspringen und nach den Basen
der Wimpern hinziehen. Eine Deutung dieser Differenzirungen im
Zellprotoplasma wollte aber weder ENGELMANN noch sonst Jemand
wagen. Man hat zwar daran gedacht, dass es sich um nerven-
ähnliche Bahnen im Zellkörper handeln könnte, die motorische
Impulse vom Zellkern nach den Wimpern übermitteln sollten.
Indessen dieser sehr gewagten Vermuthung ist die Spitze abge-
brochen worden durch die Thatsache, dass auch die mit wenig
anhängendem Protoplasma vom Zellkörper abgeschnittenen Wimper-
säume, welche also nicht mehr mit dem Zellkern communiciren
konnten, noch lange Zeit in genau derselben Weise ihre Bewegungen
ausführen, wie vorher im Zusammenhange mit dem Zellkörper.[1])
Die Deutung dieser Stränge als Nerven ist also sicher ausgeschlossen. Statt dessen drängt sich uns nach dem, was wir jetzt
über die Betheiligung des Zellkerns am Zustandekommen der
Bewegung wissen, eine andere Deutung auf, nämlich die, dass diese
strangartigen Differenzirungen die Strassen vorstellen, auf denen
Kernstoffe zu den Wimpern hintransportirt werden.

Wie dem auch sei, auf jeden Fall beziehen die Wimpern ihre
Kernstoffe aus dem Protoplasma. Zugleich gehen auch die Reize
für ihre Thätigkeit vom Zellkörper aus, denn spontane Bewegungen
führen die Wimpern nicht aus, sie erhalten ihre Impulse wie der
Vorticellenstiel vom Protoplasma.[2]) Denken wir uns also eine
Wimper in ihrer Ruhelage und stellen wir uns vor, dass ein Reiz
vom Protoplasma auf die contractile Seite der Wimper ausgeht, so
werden zunächst die contractilen Theilchen an der Basis der
Wimper zerfallen und infolge dessen chemotropisch werden nach
dem Zellprotoplasma mit seinen Kernstoffen. Inzwischen hat der
Reiz die nächsten Theilchen ergriffen, die ebenfalls chemotropisch
werden, u. s. f. bis zur Spitze hin. Dadurch kommt auf der contractilen Seite der Wimper eine Annäherung der Theilchen an die
Basis, d. h. eine Contraction zu Stande in derselben Weise wie
beim Vorticellenstiel. Die andere Seite der Wimper wird
infolge dieser Contraction passiv mit nach der contractilen Seite
herumgebogen, so dass die Wimper nun die Formveränderung

---

[1]) VERWORN: „Psycho-physiologische Protistenstudien". Jena 1889.
[2]) VERWORN: „Studien zur Physiologie der Flimmerbewegung". In
Pflügers Arch. Bd. XLVIII. 1890.

zeigt, die, wie wir sahen, der progressiven oder Contractionsphase des Schlages zu Grunde liegt. Haben sich die contractilen Theilchen mit Kernstoffen gesättigt, so werden sie chemische Affinität zum Sauerstoff des Mediums zeigen, zu deren Befriedigung wieder eine Oberflächenvergrösserung, d. h. eine Streckung der contractilen Seite erfolgen wird. Es ist im höchsten Maasse wahrscheinlich, dass diese Streckung wie bei dem Muskel auch hier passiv durch den elastischen Zug der gegenüberliegenden Wimperseite, welche sich bei dem Schlage nicht contrahirt, wirksam unterstützt wird. Es geht aus der Formveränderung der Wimper beim Schlage hervor, dass diese Seite in der progressiven Phase der Bewegung durch die Contraction der anderen Seite passiv gestreckt wird, denn ihre Oberfläche muss durch die Umbiegung beim Schlage vergrössert werden. In der extremen Schwinglage ist also auf der nicht contractilen Seite eine Spannung vorhanden, die in dem Maasse, wie die Contraction der anderen Seite nachlässt, sich wieder auszugleichen sucht, so dass sie die Streckung der contrahirten Seite nach Sättigung der Theilchen mit Kernstoffen je nach dem Grade ihrer Elasticität befördern muss.

Die Schlagbewegung der Wimpern in einer Ebene, wie sie die Schwimmplättchen der Rippenquallen ausführen, ist in Bezug auf die Bewegungsbahn der Wimpern der einfachste Modus der Flimmerbewegung, aber es sind aus dem gleichen Princip wie diese einfache Form der Bewegung auch die übrigen Formen leicht abzuleiten. Dieselben hängen nur von der verschiedenen gegenseitigen Anordnung der beiden Elemente der Wimper, derjenigen, welche sich beim Schlage contrahiren, und derjenigen, welche sich nicht contrahiren, ab. Hat z. B. die contractile Seite zu der, welche sich nicht contrahirt, eine spiralige Anordnung, so ist es klar, dass der Erfolg eine schraubenförmige Schwingbahn des Wimperhaares sein muss, wie wir sie z. B. bei den Geisselinfusorien sehr verbreitet finden.

Wie endlich die Metachronie des Schlages der einzelnen Wimpern einer Zelle oder eines ganzen Epithels zustande kommt, d. h. die Erscheinung, dass jede Wimper immer nur schlägt nachdem die vorhergehende geschlagen hat, und nie ausser der Reihe, diese Frage kommt für unser Thema nicht mehr in Betracht. Uebrigens kann ich wegen derselben auf die bereits angeführten „Studien zur Physiologie der Flimmerbewegung" verweisen, in denen ich gerade dem Problem der Metachronie näher getreten bin.

7*

Nachdem wir den Mechanismus kennen gelernt hatten, welcher
den Bewegungen formwechselnder Protoplasmamassen zu Grunde
liegt, war uns die Aufgabe erwachsen, zu zeigen, dass sich aus dem
Princip dieses Mechanismus auch die Bewegungen der anderen contractilen Substanzen, speciell des Pflanzenprotoplasmas, der glatten
und quergestreiften Muskelfasern und der Flimmerhaare ableiten
lassen. Wir haben uns dieser Aufgabe entledigt und stehen nun
am Schluss unserer Betrachtungen.

<hr />

VI. Schluss.

Ein kleiner Nachen trägt uns über das rothe Meer. Kein
Lufthauch kräuselt die spiegelglatte Wasserfläche und einsam breitet
sich vor unsern Blicken die weite, schweigende Wüste aus, in der
Ferne begrenzt von starren, scharf gemeisselten Bergkuppen, deren
nacktes, sonnendurchglühtes Gestein sich purpurn vom Blau des
fleckenlosen Himmels abhebt. Vorn am Strande, halb vom gelben
Wüstensande verweht, ragt einsam und regungslos eine kleine Gruppe
von Palmen aus der weiten Fläche hervor, traurig ihre Häupter
zur Seite neigend. Kein Laut, keine Bewegung. Alles liegt in
tiefstem Schweigen, und öde Einsamkeit herrscht ringsumher. Es
ist ein ergreifendes Bild der Leblosigkeit.

Wieder befinden wir uns auf dem Meere. Unser Dampfer
keucht zitternd durch das Wogengetümmel des Atlantischen Oceans.
Haushoch thürmen sich die Wellenberge empor und heben
das Riesengebäude wie eine Nussschale auf ihren Gipfel, um es im
nächsten Augenblick in den schwarzblau gähnenden Abgrund hin-
unterzuschleudern. Mit lautem Getöse schlagen die Wellen an die
Flanken des Schiffes und mit gierigen Armen greifen sie über das
Deck. In den Masten heult der Wind und röthliche Blitze zucken
unter strömendem Regen vom bleigrauen Himmel hernieder. Die
ganze Natur ist in grässlichem Aufruhr. Hier ist gewaltige Bewegung, hier bekommen wir den Eindruck überschäumenden Lebens.

* * *

Wir sind gewöhnt, mit der Bezeichnung „Leben" und „lebendige Substanz" jetzt einen engeren Begriff zu verbinden als die Urvölker, die Wasser und Wind und Feuer als lebendige Wesen betrachteten. Wir unterscheiden ohne Weiteres einen lebendigen Organismus von einem leblosen Gegenstand und werden nur selten dabei in zweifelndes Schwanken gerathen. Aber wir müssen uns erinnern, dass das, was wir jetzt als lebendige Substanz bezeichnen, in lückenloser Descendenz von Substanzen abstammt, die ebenfalls in energischer Bewegung begriffen waren, die aber dem, was wir jetzt als unbelebt bezeichnen, was wir z. B. im Reagenzglas oder im Schmelztiegel darstellen, viel näher standen, als dem, was wir jetzt lebendig nennen. Der Urmensch hatte also nicht ganz Unrecht, wenn er keine scharfe Grenze zog und alles, was in Bewegung ist, als lebendig betrachtete. Leben ist Bewegung. Jene uralte poëtische Vorstellung von der lebendigen Beseelung der ganzen Natur hatte einen durchaus richtigen Keim in sich, und die auf ihre Erfolge so stolze Culturmenschheit hat in dieser Beziehung in der Naturauffassung gewissermassen einen Rückschritt gemacht. Mit der Unterscheidung zwischen lebendiger Bewegung und lebloser Bewegung, deren Werth durchaus nicht angegriffen werden soll, hat sich nämlich ein verhängnissvoller Irrthum in die Naturbetrachtung eingeschlichen, das ist der Irrthum des Vitalismus. Es setzte sich bekanntlich der Glaube fest, dass die Bewegung der lebendigen Substanz auf der Wirkung anderer Kräfte beruhe, als die sind, welche die Bewegungen der leblosen Substanz erzeugen. Man sah in der lebendigen Bewegung den Ausdruck einer besonderen Lebenskraft. Noch heute hat man sich von dieser Vorstellung nicht allgemein frei zu machen gewusst. In irgend einem neuen Gewande taucht das alte Gespenst immer wieder hier und dort ganz unerwartet auf, und die Physiologie hat, so lächerlich es klingt, noch immer die Aufgabe, die unmittelbare Empfindung des Urmenschen, dass kein principieller Unterschied zwischen den Bewegungen und Bewegungsursachen der lebendigen und der leblosen Substanz bestehe, als wissenschaftliche Erkenntniss in ihr altes Recht einzusetzen.

* * *

Auf den vorliegenden Blättern haben wir uns überzeugt, dass es zum Zustandekommen der lebendigen Bewegung durchaus nicht der Annahme irgend einer Kraft bedarf. die nicht auch in der leblosen Natur bewegungserzeugend wirksam wäre.

Die Form, in der wir die lebendige Substanz allein als dauernd lebensfähig kennen, ist die Zelle, d. h. die Zusammenfügung von zweierlei Stoffgruppen, die wir als Protoplasma und Kern bezeichnen. Protoplasma ohne einen Kern kann ebensowenig dauernd existiren, wie ein Kern ohne Protoplasma. Beide nehmen am Lebensprocess, am Stoffwechsel der ganzen Zelle Theil, und sämmtliche Lebenserscheinungen sind nur ein Ausdruck der Stoffwechselbeziehungen zwischen Aussenwelt, Protoplasma und Kern.

So ist es schon von vornherein selbstverständlich, dass die groben Bewegungserscheinungen, die an den contractilen Substanzen hervortreten und die sämmtlich nur ein Ausdruck der chemischen Stoffbewegungen sind, auch auf den Wechselbeziehungen zwischen Aussenwelt, Protoplasma und Kern beruhen. Aller lebendigen Bewegung liegt diese gemeinsame Ursache zu Grunde. Das Princip ist immer das gleiche: In einem gewissen Zustand haben die contractilen Theilchen chemische Affinität zu Stoffen des Mediums, besonders zum Sauerstoff. Diese Affinität führt zu der Expansionsphase der Bewegung, zu den Ausbreitungserscheinungen, zur Oberflächenvergrösserung, zur Streckung. Die mit Sauerstoff gesättigten Theilchen haben die höchste Complication ihrer chemischen Constitution erreicht und damit grosse Neigung zum Zerfall. Sie zerfallen theils spontan, theils auf Reizung. Ein Theil der beim Zerfall entstehenden Spaltungsproducte wird ausgeschieden, der andere Theil strebt wieder die frei gewordenen Affinitäten zu sättigen. Dazu bedürfen die Theilchen gewisser, unter Mitwirkung des Kerns im Protoplasma gebildeter Stoffe. Ihre Affinität zu den letzteren bedingt die Contractionsphase, das Streben nach Verkleinerung der Oberfläche. Sind die Theilchen mit diesen Stoffen gesättigt, so haben sie wieder Affinität nach Sauerstoff und der Kreislauf der Bewegung beginnt von neuem.

Wir sehen also, dass es in der lebendigen Substanz dieselben mechanischen Ursachen sind, welche die Bewegung erzeugen, wie in der leblosen Substanz. Trotzdem liegt es uns fern jeden Unterschied zwischen lebendiger und lebloser Substanz zu leugnen. Es besteht sogar ein sehr charakteristischer Unterschied; aber der ist nicht principieller Natur. sondern liegt in der Anordnung und Complication der Bewegungsvorgänge, im Stoffwechsel. Die lebendige Substanz zeichnet sich vor der leblosen dadurch aus, dass sie Stoffe von aussen in sich aufnimmt und aus diesen immer wieder Substanz bildet, die ihr gleich ist, dass sie selbst fortwährend zerfällt und sich von neuem wieder regenerirt. Demgemäss zeigt die lebendige Substanz auch immer wieder die gleichen Bewegungserscheinungen. In der Art des Stoffwechsels liegt der einzige charakteristische Unterschied zwischen lebendiger und lebloser Substanz.

*　*　*

Ich halte es für sehr wohl möglich, dass manche E i n z e l h e i t e n der auf den vorliegenden Blättern entwickelten Anschauungen nach neuen Erfahrungen werden modificirt und erweitert werden. Ich gebe mich in dieser Beziehung keinen Illusionen hin, denn eine Vollendung darf billiger Weise von einer neuen Vorstellung, die ein so weites Gebiet von Erscheinungen umfasst, nicht gleich bei ihrem ersten Schritt in die Welt verlangt werden. Aber soviel glaube ich annehmen zu dürfen, dass das P r i n c i p für a l l e Bewegungserscheinungen der contractilen Substanz, auch für die grosse Zahl der speciellen Thatsachen zutreffend ist.

Ich habe es, um den im engsten Anschluss an die Beobachtungen und Thatsachen gewonnenen Ergebnissen nicht einen hypothetischen Charakter zu geben, absichtlich vermieden, auf specielle chemische Vorgänge bei den Bewegungen der contractilen Substanz einzugehen, obwohl sich hier äusserst interessante Betrachtungen anknüpfen lassen. Aber dieses Unternehmen bleibt besser der Zukunft vorbehalten. Ich bin überzeugt, dass hier die physiologische Chemie, wenn sie sich mehr der mikrochemischen Untersuchung der Zelle zuwendet, vor allem durch Farbenreactionen dereinst wichtige Aufschlüsse liefern wird, die uns Blicke in die letzten Geheimnisse des Lebens gestatten.

J e n a , physiologisches Institut, im März 1892.

G. Pätz'sche Buchdruckerei (Lippert & Co.), Naumburg a. S.